李威熊著

心影片片

文學叢刊之八十四

文史哲出版社印行

國家圖書館出版品預行編目資料

心影片片 / 李威熊著. -- 初版. -- 臺北市 : 文史哲, 民 87
面 ; 公分. -- (文學叢刊 ; 84)
ISBN 957-549-187-4 (平裝)

855 87016968

文學叢刊 ㉞

心影片片

著者：李威熊
出版者：文史哲出版社
登記證字號：行政院新聞局版臺業字五三三七號
發行人：彭正雄
發行所：文史哲出版社
印刷者：文史哲出版社
臺北市羅斯福路一段七十二巷四號
郵政劃撥帳號：一六一八〇一七五
電話886-2-23511028・傳眞886-2-23965656

實價新臺幣二四〇元

中華民國八十七年十月初版

ISBN 957-549-187-4

心影片片（代序）

回想從前在鄉下那一段青青的歲月，每當放學回家或在假日時，常隨著兄姐們上山下田，總難免要挑些東西，大人挑大擔，小孩挑小擔，腳踏實地的奔走在那炎熱的碎石路上，深深的感覺到肩上的擔子，給人一種沉重的壓力，一旦放下了它，頓時會覺得輕鬆無比。待離開了老家之後，挑東西的機會幾乎沒有了，但人生的另一種擔子卻依然存在，只是隨著年歲的增長，擔子的形式有所不同而已，我常獨自沉思，自己能否扮好一個挑夫的角色，有沒有勉強，會不會被過重的擔子壓垮自己，我驀然又想起在家鄉的日子，看到那些光著上身，挑著重擔，汗流浹背，一步一步奮力向前邁進的挑夫們，他們落實的腳步，堅定的毅力，多麼地令人佩服。雖然多年來，也讀了不少聖賢書，常有「效法乎上」的激動，但是今天才恍然大悟，縱使要做一位平凡的挑夫也不容易。

天下最偉大的愛，是父母對子女的那一分愛心，這是任何人不能否定的。「愛之深，責之切」，有時父母不免會多嘮叨幾句，但是有些子女卻因此而感到厭煩，更不知那句句的嘮叨都是愛心最具體的展現，在父母心中，孩子永遠是無知長不大的，所以常常根據自己的經驗，要孩子們這樣，孩子們那樣，但孩子們卻偏偏認為自己已長大，懂得分辨是非，根本無視父母的叮嚀與關懷。道家認為「天地不言」，但卻能「生化萬物」，無言、無心的愛，最為深刻，話雖然沒錯，可是萬一處理不當，又會受到「漠不關心」的指責。做人真難，世間平凡的人畢竟佔多數，父母不是聖賢，那裡懂得什麼「氣壯山河」的話說多了，會變成「口頭禪」的道理。

社會上不斷的有人在批評孔子的迂闊，說在那紛亂的春秋末世，去跟那些國君談什麼仁義道德，其實真正愚蠢可悲的，倒是那些利令智昏的國君們。就像有些人成天的在尋找真理，追求幸福，但卻不曉得真理、幸福就在內心，就在周遭。孔子的學說沒有別的，就在教人守著平常道、平常心，便能守住真理和幸福。這些看來雖是平凡無奇，但是要想建設和諧的社會，就非得靠這種平常道的表現，和平常心的相互關懷不可。施比受更有福，有時只要臉上一點點的微笑，便能給人間帶來歡樂。可惜有的人卻吝於施捨，甚至還不時的在自己的心中築起一道高高的牆，阻止了與別人交通的機會，然後才在那兒高喊世態炎涼。

人是最富感情的動物，也最會念舊，因此總愛回憶過去，如上了中學便懷念小學，上了大學便懷念中學，就是不知道去珍惜目前自己所擁有的一切。誰都盼望自己有一個美好的環境，但是卻不了解美好的環境並非能從天而降，也不是憑一個人或少數人的力量就能辦到，必須有賴大眾的共同努力。沒有付出，談什麼享受？所以與其詛咒四周的黑暗，不如自己站出來點盞微弱的心燈，雖然不見得能照亮別人，但起碼能讓自己看清楚未來的前程，而不至於誤入歧途。

（74.5.中文人）

心影片片　目　錄

·1· 風雨中的童年

唯有經過狂風暴雨，才會珍惜風和日麗的可貴；
唯有走過崎嶇路程，才能體會多采多姿的人生。

環境、性格與個人前途發展有密不可分的關係，如果說一個人的性格是決定在最初的三年，那麼童年，對人的一生來說，算是最重要的了。回想起自己的童年，卻是在風風雨雨、跌跌爬爬的困境中捱了過來，雖然有點遺憾，沒有別人家孩子那麼幸福，可是卻也感到「充實難忘」。

我是出生在第二次世界大戰末期的台灣中部農村，那時本省還是日本的殖民地，發動侵華戰爭的日本軍閥，在盟軍的大舉反攻下，像隻受重創的野獸，仍繼續作臨終的掙扎。為了維持龐大的軍費，只好不顧一切地搾取台灣同胞的膏脂，把所謂的寶島居民，弄得家家貧困不堪。記得當時一般農家三餐只吃地瓜，如果有白米稀飯可喝，就可算是最高的享受了。父親因為排行老大，除了負擔我們一家七口外，還要照顧祖父和叔叔們，因此生活壓力顯得特別地重。聽叔叔們說，父親的身體本來相當地魁梧，但為了多賺點錢，經常從山上挑起重達二百台斤的香蕉，到市集出售，由於體力過分透支，加上營養不良，終於累倒了。那時醫藥極端缺乏，在我出生的那一年，父親竟以未過四十的壯年就離開了我們，一夕之間，我們兄弟姊妹五人，竟都成了孤兒！那時大哥年方十四，二哥和兩個姊姊都未滿十歲，堅強的母親帶著這群嗷嗷待哺的小孩，一方面要逃避盟軍飛機的空襲，一方面又要養家活口，像母親這樣茹苦含辛，怎能說女人是弱者？我常不斷的從這裏體會母愛的偉大，也了解到中國傳統女性堅貞的美德。在那種狼狽的情況下，我的出生的確給家中帶來不少麻煩。到了四歲那年，台灣光復，到處一片歡騰。但重建的工作千頭萬緒，在最初幾年，生活依然艱苦，然而家家户户無不充滿希望。就在這時候，正上初二的二哥，只不過是得了一般性的肺炎，卻在無錢無藥的情況下，任憑親情怎樣的照顧與祈求，還是無法感動命運之神，留下他的小生命；最令人痛惜的是：大哥告訴我們，二哥自小不但乖巧，而且是全家中最會讀書的，從他上學開始，成績始終是名列前茅，在他遺留下來的大小楷、筆記、英文習作等，從字跡的工整秀麗中，就可以想像到他的才華與好學。難怪每年清明節全家上山掃墓時，大哥總叮嚀姪兒們要向二哥學。而母親喪夫不久，又接著失去愛子，心情的悲痛，可想而知，然而生活的擔子又不能不扛，真不知當時是如何捱過的！屋漏偏逢連夜雨，就在第二年我剛要進小學的時候，積勞成疾的母親終於一病不起，送進了醫院。十二歲的大姊到醫院照顧，大哥則醫院、家裡兩處跑，家，哪像個家？只不過是佈滿無邊的寂寞、恐懼、飢餓和無奈罷了！上蒼也太殘忍了，讓這一群純真的小孩，去承擔人生最大的悲劇，在我們最需要父母親的童年，竟連受盡折磨的母親也不放過。母親的過世對她來說是一種解脫，但是她一定放心不下日夜牽掛的這一群孩子。很奇怪，當時已六歲大的我，竟不知死別的痛苦，倒是大哥和二位姊姊撫著母親靈柩哭成一團的模樣，至今仍記憶猶新。到了稍懂人事後，見到同年齡的朋友都有父母呵護著，而自己的腦海裏，所謂「父母」卻是一片空白，才開始痛恨日本軍閥、痛恨戰爭，因為它間接奪走了父母的生命，更使我失去常人應有的快樂童年。

母親逝世後，全家籠罩在哀戚的氣氛中，為了生活，只好相依為命。那時大哥剛從高中畢業，先到小學當代課老師，大姊、二姊則分別從小學四年級、二年級輟學，為了貼補家用，便到村中磚場當小工，我最幸運，得以繼續唸小學。但那時哪像在讀書，很多家事必須參與，如一大早起床，就必須到田野撿蝸牛回來餵鴨子，還要把屋子、庭院一一打掃乾淨，然後才上學。放學回家，還得去割草。假日時，跟著二位姊姊上山砍柴；別人家割稻，就下田撿稻穗；人家收花生，就下田撿花生；養牛、除草、挑土……樣樣工作無所不來。記得讀了一年書，到期末發成績單，還看不懂自己是第幾名，等到回家後被大哥訓了一頓，並處罰不許吃午飯，才知道事態嚴重。幸好讀過四年書的大姊給了我不少的鼓勵，小時候所知道一些忠孝節義和歷史名人的故事，大多是從她那兒聽來的。也許父母不在，一切都要自己來，所以也特別的守本分，很早就懂得自己管束自己。讀了六年小學沒有任何零用錢花，不管天氣多麼寒冷，沒穿過一雙鞋子、一件毛衣，拿大包巾當書包，也沒錢買參考書，雖然如此卻從不以為苦；而在五年級以後，漸漸有了一股讀書的狂熱，記得家中沒有鐘錶，無法確知時辰，然而鄉下的公雞，清晨叫得很有規律，我常在聽到第一陣雞鳴的時候，就起來早讀。大哥怕我太勤，傷了身體，曾經好幾次罵我再去睡覺，但等他離開後我又偷偷的起來讀。那時沒有升學壓力、也沒有惡補，完全是發自內心一種讀書的渴望，自然不會把讀書當作是一件苦事。

艱苦的童年，終於熬過了，兄姊四人雖在自我摸索中長大，但並沒有自暴自棄。如今大哥已兒孫滿堂，二位姊姊也有了理想的歸宿。我在初中畢業後，為了不增加家裏的負擔，放棄了升高中的機會，選擇了公費的師範學校，畢業服務三年期滿後，靠著半工半讀，完成了一連串的學位。這當然要感謝大哥嚴格的管教和二位姊姊的關照。村裡的人起初都以為這一家孩子看樣子就如此完了，但沒想到小小年紀的我們，卻懂得彼此相互的照顧，或許這是一種出自骨肉天性，和鄉下那種純樸的風氣有關。雖然在童年伊始遭受這一連串的挫折，而三、四十年來的人生旅程，也是曲曲折折的，但一切還算順利。如果說有什麼訣竅的話，就是知道跌倒了自己再爬起來，永遠不向困難屈服的堅強毅力，而這股毅力，完全得感謝環境的造就與激勵。

今天的物質生活條件的改善，比起自己的童年時代，實有天淵之別。如今自己也為人父了，由於自小就失去親情的滋潤，為了彌補這項缺憾，總是期勉自己能做個盡責的父親，把自己童年時代所缺乏的，盡己所能的給自己的兒女，使他們擁有一個快樂無憾的童年。於是怕他們餓，怕他們寒，怕他們生病，怕他們沒零用錢花，怕他們在外面惹是生非；只要他們愛看的書，無不盡量滿足他們的需求；早上看著他們背書包出門，到他們按門鈴回家才放心。我想天下父母心，都是如此的，只不知這些在父母百懷下的孩子們，是否懂得去珍惜那充滿幸福的童年歲月，為自己開拓出無悔的人生呢？

（70.7.9.華副）

不盡的懷念

人豪兄！您雖然安祥的走了，走到那不可知的世界，但您的音容卻還是那麼鮮明的活在我們的心中，我們將會永遠懷念著您。

記得在民國五十七年的秋天，我剛服完預官役回來，為了念研究所，必須半工半讀，便參加台北市國中教師甄試，很榮幸的被分發到剛由台北市立女中改制的金華國中任職，那時您和志展兄也在該校教書，並兼任圖書館的業務，雖然是初次見面，但卻是那麼投緣，一點也沒有隔閡，很快的就成為知己，大家一起教課、讀書，偶而也談談人生和學術文化界的一些瑣事。您的博學，外柔內剛的性格；志展兄的宏識，都是我學習的好對象。從那時起，您便一直在協助我、鼓勵我、支持我，使平凡的我，在工作上還不致有太大的失誤。近幾年，我們不論在思想觀念上，或工作上，都已較成熟，也稍具基礎，本可以再和一些志同道合的朋友，共同來為社會做些有意義事業的時候，然而萬萬沒想到，居然您竟悄悄的先走了，為我們留下的只是無窮無盡的哀思。

您的國學根柢深厚，又寫得一手有骨有肉的好字，這是大家所熟知的，因此，我常為一些公私文件，不時的去麻煩您。有一年您正在寫碩士論文，又忙於學生課業，那時您的胃腸也有點潰瘍，但您居然忍著疼痛，為我撰寫，毫無難色，反而我自己倒覺得很不好意思。研究所畢業後，我們又有幸一起在台中工作，晚上也常到蓮社聽李炳南老師講經。我在師專有課，也忝任靜宜中文系的系務；您擔任中國醫藥學院的主任祕書，您的工作實在已夠忙碌了，您還答應為我的學生灌錄詩詞吟唱的錄音帶、指導書法，還擔任靜宜中文系文字學的課。你把學生當成如子女般的關照，教學是那麼的熱心負責，您知道學生是如何的愛戴您，您透支體力真誠的愛著他們，但您從不說累。您又會時時不忘在他人面前，或課堂上表彰朋友微不足道的長處，我常發現被您教過的學生，和他們相處起來，都格外的親切和諧，使我做起事來更為方便。在世風澆薄的今天，喜歡誇耀自己，抑損他人者，比比皆是；您卻從不標榜自己，只知稱揚別人，這種風範，更加的令人難忘。

近些年來，您一方面在成大任教，一方面又不忘家鄉鹿港的文教事業，我們曾經和立夫師、仲華師、仲謇師一道去文開書院，並邀請當時的黃石城縣長，共同討論如何成立文開書院國學研究中心，為了經費和書院的軟體設備，您到處奔波張羅，樂而不疲。當這些工作正在積極展開之際，卻遽然失去了您。我時常翻閱那時您寄給我的一些書函，面對那蒼勁的字跡，遠大的理想，周詳的計劃，我的感慨不免油然而生。這些計劃如能實現，那不是鹿港鎮民的福氣嗎？睹物思人，不覺令我眼前一片迷濛，為了地方的文化事業，你鞠躬盡瘁了。

在您生病的前一年，您受聘到韓國全南大學擔任客座教授，遠去異國，人地生疏，習俗不同，又因您長年齋食，生活一定有很大的不便，而您卻欣然前往，除為了中韓文化交流外，我想還有一項您從來沒說的原因，您有兩位得意的韓籍門生，一位是中醫師金先生，一位是金先生的夫人金苑，她就讀政大中研所博士班，正在寫博士論文。兩位在臺期間都深受您的照顧，金同學博士論文雖掛名由我指導，但她的論文題目是「史記列傳義法研究」，也是您的專長，在韓國他們可以就近向您請益，這應該是您答應到韓國的重要因素。其實那時您也忙著在撰寫升教授論文，負擔已經過重，但為了學生，您始終不知有自己，於是累上加累，因此一回國您就病倒了，我為此感到無比的難過。

人豪兄！我們二十多年朋友一場，您不顧一切的為學生、為朋友、為家鄉、為學術文化、為社會國家，貢獻自己，但從來沒聽過您有絲毫怨言，你給人實在太多了，但從不想別人是否給你回報。當我還來不及向您表示真摯的感謝時，您卻匆匆的走了。一年來雖不時的想您，但已無補我內心的遺憾。現在雖是心亂如麻，但仍提筆寫下了這篇懷念您的短文，如果真的地下有知，您該知道有多少人一直還在感念著您，您應可安息了。

滾滾紅塵，變化無常，人的自然生命，總是有時而盡，但精神是可以永恒的，您的德業，為我們樹立太多的典範，人豪兄！您已足以不朽了。

桃李芬芳
——且話從前

學期已近尾聲，這一學年又如此匆匆的過去了，接著便是漫長的暑假。在最後的一次班會上，班長代表全班同學，準備送我一樣紀念品，當時深感不安，怎可無功受祿？但班長連忙解釋，他們所送的只是班上同學一年來的活動照片。心想既然是同學們的一番誠意，而且又可進一步的認識同學，日後更可以看照片，思往事，藉以尋找舊蹤跡，也是件有意義的事，便欣然接受了。

打開禮物一看，精美的照相簿上，貼有近六十張四寸的彩色照片，都是這一年來班上各種活動的團體或個人留影；不同的姿態，人人展露著青春的笑容，洋溢著年輕人的蓬勃朝氣，男孩英俊瀟灑、女孩美麗端莊，而且每張玉照後面都附著他們的心聲。如由傘兵退伍的班長張成光這麼寫著：

敬愛的導師：惠我良多。

聰明大方伶俐、多才多藝的副班長劉嘉美寫著：

老師：樹梢、山顛、雲端，都是點，

地平、海面、前路，都是線，

過去、現在、未來，都是面。

織成的，鋪成的，還有搭成的……

回首！生活該是活的，生的好！

北一女畢業，嬌小率真，和有一雙大眼睛的黃玉真寫著：

老師：大學是一個新的階段，而大一更是令人抓不定方向的時期，這一年，受教的時間雖短，但所得卻是那麼深刻，對自己尚沒有那麼堅強的毅力，想下決心好好的研究文學，但對中華文化卻使我更進一步的肯定了。感謝您的教誨，也祝福您。

已服過兵役，並且以弘一大師自期的李弘一說：

老師：難忘重新拾回學生生活的第一年，尤其是碰到這麼一位導師。

上學期成績全班第一名的陳芳汶說：

喜悅的是：

我們曾經爲師生——

更永遠是師生——

給您，我所有的祝福！

文靜秀麗的黃敏貞說：

老師：希望您記住學生的一顰一笑，正如學生牢記您的一言一行。

有哲人氣息的吳炳輝說：

感謝老師一年來的作育與栽培。

成績相當優秀，勤儉樸實，有大姊姊風度的陳惠玲說：

老師：感謝您一年來的教誨，能做您的學生將是我畢生引以爲榮的事情。但願日後仍有機會再受教。

畢業於附中，好學深思的鄧繼盈說：

「一日爲師，終生爲父。」

雖只是一年的相聚，但這一年卻使我由一個高中生，變爲一個有自己見解的人，老師，這些都該感謝您。

柔順有畫家氣質的梁淑芳說：

老師：您上課時，所說的人生道理，學生謹記於心。

頗知奮發進取，端莊穩重的陳莉苓說：

老師：感謝您一年來春風化雨的教誨，日後更當持志力行，「養天地正氣，法古今完人」，盼不辱師恩矣！

天真活潑大方的蔡美玲說：

老師：由於分組的關係，我一直沒能領受你妙語如珠的上課方式，甚感遺憾。希望以後有機會能彌補現在的遺憾。

擅長寫作的詹美賢說：

老師：雖不曾上過您的課，

但在班會上，

在露營中，

聽老師的話，總使我振起精神，再接再勵。

端莊美麗的鄭麗涓說：

老師：我們師生一場，皆爲「緣」字，

雖然未能親自於課堂上聽您那絕妙好辭的授課，

但您那溫文儒雅的風範，卻永烙我的心中。

熱心懂事，有如大家閨秀的陳韻竹說：

老師：您那姁姁祥和的風度，誨人不倦的耐心，及對學生們無限的關懷與愛心，眞使人如沐春風。

……………………

看完了學生這些心語，在欣慰之餘，也覺慚愧起來，一位老師，認真教學，關心學生，那是分內應盡的職責，怎承受得起學生們的感謝呢？回想近二十年來，由小學、中學、專科而大學，教過不少的學生，常常接到學生短短的信函，甚至教師節、年節賀卡上的一些祝福，都會被感動得無以名狀。沒想到一位老師竟那麼容易滿足，這也許是為人師者的一大享受，絕非局外人所能體會，可能也是許多人一生貢獻教育，樂此不疲的主要原因。

班上共有四十九位同學，男生佔十六位，是屬少數「民族」，女同學說他們個個都是純樸忠厚。全班除了九位是來自韓國、香港、馬來西亞的僑生外，其餘幾乎遍佈了寶島各地，南至屏東，北至野柳；有住在都市，也有家居鄉村、漁港，真是各路人馬，會聚一堂。他們都出自全國有名的高中，才氣橫溢，孟子說：「得天下英才而教育之，一樂也。」今年能擔任他們的導師，實在是一大幸事。他們都是就讀中文系的一群，其中有不少是有志於文學研究者，但也有少數在不得已的情況下，被分發到中文系來。在剛開學的二、三週，因受到社會功利觀念的影響，難免有人會覺得不如上理、工、醫的同學來得光彩。其實文學是一種思想、心靈的活動，正需要第一流的人才。何況所謂的熱門科系，隨時都會改變，如在十多年前，美國正在發展太空科學，科技人才供不應求，當時國內的物理系，也曾熱門一時，但十年河東、十年河西，今天的物理系已不如從前風光了。所以科系的選擇，須配合自己的興趣和能力，以及國家發展的需要，才會有所成就。如果只是盲目的去追求時潮，可能會被潮流沖昏了頭，而迷失了自己。因此勉勵同學既被分進中文系，就要嘗試去適應它，因為中文是一切學科的基礎，縱使發現學文學與自己的志趣真的不合，一年後再轉系也不遲。如畢業於中山女高的馮瑞同學，明年將轉外交系，她在照片後面這麼寫著：

> 老師：轉系了，心中雖帶著幾分依依不捨，但我的態度是積極的，心情是堅定的，因爲藉著這次機會，我可以再一次的努力塑造自己、充實自己，使自己成爲一個更有用的人。感謝您一年來的教誨，更謝謝您對我的關愛。

馮同學寫得一手好字，善議論，英文好，又有服務社會的雄心大志，對文學也相當的愛好，經過一年的適應，她認為上外交系，可能更適合她的志趣。但當她跟我交換轉系的意見時，我特別告訴她，一位具有中華文化和藝術涵養的人，在外交場合，可能比精通外文和巧於言辭的人，更受人尊重與歡迎。因此特別勉勵她眼光要放遠一點，今後仍要繼續去了解中華文化。因中國文學的研究，乃是中國人共同的責任，也是學好其他各科的根本，而中文系同學能沈潛其中，當引以為榮才對。班上同學都能了解這道理，所以一年來全班非常和諧，且充滿著蓬勃的朝氣。

剛上大學的同學，都會覺得由高中到大學是一大變動，如在課業上，在高初中階段，為了通過升學的窄門，所讀的書常常限於「課內的」那幾本教科書，所謂旁搜、博採，博覽群書，不但時間不允許，甚至被學校老師和家長所禁止，因此造成知識思想的貧乏；再加上為了配合電腦閱卷，所以所學的，不免限於一些零碎、片斷的記憶，既缺乏完整的概念，又無反芻玩索的趣味，自然對讀書感到厭惡。考試會影響教學，這是教育當局不能忽視的。如近幾年來上大一的課，發現一個事實，有些同學居然不會作筆記；考試時出四個問答題，以前的學生，甚至到打鐘都寫不完，今日的學生往往三言兩語，不到半小時就交卷了，並非要言不煩，而是已經機械化的頭腦，不知從何發揮起。為了改進高中時代讀書的積弊和彌補正課的不足，班上同學在開學不久，即成立五個讀書小組，藉著彼此互相切磋，使自己的思想、學識能更上一層。這五個小組是：㈠經學組：先研讀詩經。㈡史學組：先研讀史記。㈢詩學組：先欣賞唐詩三百首。㈣小說組：先評析古典或現代小說。㈤創作小組：從事寫作的練習。每個人依自己的興趣，自由選組，平時各組按時抽空研討，每二、三週再利用班會時間，由各組長推派代表報告心得，然後全班共同討論，以擴充同學們的知識領域。一年來雖然遇到不少困難，但也有相當的收穫。如果班上同學能始終不渝，四年如一日，到畢業那一天，人人一定會滿懷著豐碩的成果，穩健、充實、滿足，大步地踏出校門。

中文系的教學目標，主要在培養學生認識國學，和訓練學生從事國學研究的基本能力，但能提筆寫作也是重要目標之一。因為任何古典文學的研讀，必須在現代文學上開花結果，才有意義。關於這點，是台灣近二十多年來的中文教育最受責難的，很多人認為中文系是古董系，太過於保守，培養不出作家，雖然所言有些過分，但也有幾分事實。有一次跟仲父先生討論到這問題時，仲父先生談到如何提高學生寫作能力，他提出二個原則，一為「寫以求通」，二為「改以求工」，並建議筆者將同學分成幾個小組，有空就寫，題目不拘，寫好後彼此交換觀摩批改，這比教師批改更容易溝通觀念，且可收到實際效果。班上創作小組的成立，也是出於這種構想，但寫作並非一日、二日即可見效，而是必須長年累月才能期其有成。經過一年的訓練，同學們起碼有一正確的認識，就是要寫好文章，需不停的讀，不斷的寫，和不怕改。為了擴大彼此觀摩的機會，同學們把這些作品裝印成冊，名曰「士淵集」。全書共有一百十二頁，雖然只是一本大一學生的班刊，但內容充實，文筆簡潔，情感純真，並不亞於某些學校的系刊，但願不以此自滿，而能百尺竿頭更進一步，幾年以後，有名的作家，也許就出在班上。

大一是大學的開始，既然有好的起步，就必須邁開步伐，一步要比一步平穩，一步要比一步充實。慎始雖是不易，而要敬終則更難。一年來，分享了同學們太多的榮譽和快樂，但很遺憾的，並沒完全盡到導師的責任，就如沈默寡言的賴玟同學所寫的：

雖說：一日爲師，終身爲父，然而在短短的一年中，我總覺得和您很疏遠喔！的確，因沒能上全班同學的課，除了班會外，師生相處的機會有限，而要完全了解同學談何容易。一年下來想做好經師都極辛苦，更遑論人師。桃李迎風，姿態萬千，芬芳洋溢，和樂融融，一點點的付出，卻得到如此多的回報，在慚愧之餘，不禁要滿足的說：這是多麼令人難以忘懷的一年。

（中華副刊）

多情卻似總無情

假使人沒有感情，那麼和一般萬物又有何區別？人世間也就沒什麼好讓人留戀的了。而文學作品便是作者將真摯動人的情思，用精美的文辭把它記錄下來，期能引起讀者普遍的共鳴。所以「多情」如果表現得適當，將會使人間的春天常在，到處充滿溫馨的喜悅，這也是文學和各種藝術主要的創作泉源。但晚唐冶豔華麗派的詩人杜牧，當他要離開揚州前往長安，與多情溫柔的江南歌女分離時，曾作了兩首贈別的詩，其中有一首是這麼寫著：

多情卻似總無情，唯覺樽前笑不成；
蠟燭有心還惜別，替人垂淚到天明。

就詩意來說，頭句「多情卻似總無情」，是寫杜牧行將離去時，滿腔依依別緒，牽腸掛肚，但卻無法表達，只有默默無語，含情相對，倒像似無情一般。如果撇開本詩意境不談，另從三個不同的角度來體會這句話，則別有一番深意在。

我們放眼社會，有不少人自認為是多情種子，因而到處留情，遊戲人間。如有些在戀愛中的男女，常喜新厭舊，移情別戀，隨意玩弄他人的感情，這種多情便是一種濫情。又如，有些已成家的人，卻仍存非分的想法，喜歡感情走私，美其名為逢場作戲，這種愛也並非真愛，而是一種亂愛。如此的亂愛「多情」，不但會傷到正愛自己的人的心，也會損傷別人，甚至於最後連自己也身敗名裂。因此像這種「多情」的人，不就是最無情的嗎？

另有一種多情，倒是愛的對象很單純專一，可說是愛得既真且深，又痴又迷，但是卻不知要考慮對方的立場，或其他因素，而一味的往牛角尖鑽，也不懂得迴旋的道理；一旦受到挫折，常常由愛而生恨，甚至做出了令人難以置信的行為。如不久前曾轟動本省的社會新聞，各大小報紙都報導有某位大學畢業且留美回國的數學碩士，竟用汽油將自己曾經愛過的女友燒死。又如桃園某國中的生物教師，知道自己心中暗戀的女同事訂婚後，不但殺了她，還煮了她的肉，又咬了她的心臟一口，這是何等的悲慘，沒想到這種多情的人卻做出最絕情的事。

敢愛、敢恨的人，雖然很有性格，但終非正常的愛情，「唯恐情多誤美人」，偉大的愛應該將所謂的「多情」加以昇華，把那深深的情愛化成無限的關懷和祝福，因為真正的愛不是佔有，而是一種犧牲和奉獻，縱使有遺憾，也只好把它還諸於天地，這樣才不致於做出薄倖或激詭的言行。施比受更為有福，因此自己所付出的愛心，並非一一都要得到報答。比如自己雖深愛著對方，但由於對方並不了解，或對方情已另有所鍾，這時為了自己所愛的人的幸福，應該成全對方才是。如此，雖從表面上看來像是用情不夠深，連自己所心愛的人投向別人的懷抱，都無所反應，那還有什麼「多情」可言呢？其實這才是真愛。就拿交朋友來說，君子之交淡如水，雖是淡淡的交往，但彼此的情誼卻是地久天長的。所以多情昇華以後，有如常人，縱使夫妻間也應相敬如賓，未必要卿卿我我，或說什麼如膠似漆。這種「多情」雖像無情，然而存於內心的愛卻比誰都深都濃。

愛的對象太多，或是陷入執著的迷戀，這種的「多情」並不值得鼓勵，因為如此的「多情」不但會傷人也會傷己。今天社會上許多家庭的破碎，以及愛情悲劇的發生，都是由於這種不當的「多情」所造成。雖然有些在文學作家的筆下，被渲染得既瀟灑又悲壯，但這總是人生的大不幸。唯有正視愛情，用心真摯，守一不二，以及具有死而後已的誠心，並能尊重對方，給予對方真正的快樂和希望的愛，這樣愛的光輝才會因此而展現，愛情的偉大也是在這種情況下才能看出。所以感情昇華以後的「多情卻似總無情」，不但無損於愛情的美妙，而且會給我們的社會增添一片祥和的氣氛。

（73.5.6.商工日報副刊）

難忘的春風化雨恩

——敬悼仲華師

今年五月，仲華師在國賓大飯店主持師妹于歸的典禮上，雖然已是八十六高齡，但還是那麼神采奕奕，周旋於賓客之間，毫無倦容，大家都為老師的身體硬朗感到高興。可是萬萬沒想到，剛過完端午節，從博士班學生那裡傳來老師生病的消息。那天剛好是政大、輔大的學生要到老師家上課，看到老師一人在家，有點中風的樣子，同學們才趕緊把老師送到三軍總醫院。我和金裕兄等幾位學生一起到醫院探望，老師還笑著和我們寒暄幾句，為了讓老師多休息，我們很快的就告辭了。心想，可能是因為這次嫁女兒把老師累壞了，調養一段時間後，應該就會恢復健康。不久聽說師母、師妹也從美國回來，並把老師接回家。但是過了幾天，又再度聽到老師病重住進仁愛醫院的加護病房，這時老師已無法言語，面對去探望的學生們，只是欲言又止，眼角含著淚珠，老師平時一向面帶笑容，極為健談，現在看到這些他所關懷的學生，或有很多話要說，如今卻無法開口，老師一定很難過，一代的國學大師，就這樣默默無語的離開了人間。

仲華老師是江蘇高郵的才子，在民國肇造後，整個社會籠罩在歐風美雨、共產思想泛濫的情況下，反傳統、反固有文化的氣燄高漲，老師一直是維護固有文化的中流砥柱。在大陸時代就曾擔任西北大學中文系主任、教務長等職；民國三十八年隨政府播遷來臺，執教於師範學院（臺灣師大前身），民國四十五年負責籌劃國文研究所，後來又擔任政大中文系所主任、教務長，香港中文大學聯合書院中文系主任，文化大學中文研究所所長等職，所培養的國文、中文碩士、博士不計其數，稱仲華師為臺灣中文博士之父，並不為過。民國五十一年當我考進政大中文系時，老師正在香港講學，所以到研究所時才正式上高老師的課，那時他擔任所長，一、二年級各有老師的一門課，博士班時又上他的中國文獻學專題研究。高師以博學著稱，著作等身，有人戲稱老師的學問就像名字一樣的「高明」。對學生總是循循善誘，從不疾言厲色。記得在碩一時，班上同學到觀音山郊遊，邀請老師參加，他欣然答應，並帶著那時才二、三歲的小師妹同行，一路上説説笑笑，毫無隔閡，我們又看到了老師慈父的一面；使那次的郊遊，增色不少。老師不但教學生研究學問，也教學生如何做人，「止於至善」是老師道德修養的最高目標，所以不管課堂上、課堂下，與老師相處就如沐浴在春風裡一樣的溫馨。老師很關心同學們畢業以後的工作，但也有一定的原則，我印象最深刻的是，當我在讀博士班時，臺中師專（我的母校）羅人杰校長要我回去擔任講師，但希望高師寫封推薦函，我向他報告時，老師卻很嚴肅的説：目前最重要的是充實自己，不必急於兼職。由此不難看出高師對學生真心的關愛。今天社會上要找到真正的經師已不容易，而高師可説是經師、人師兼備了。

高師不但重視各級學校的國語文教學，他一向關心中華文化的發展，臺灣最早的中學國文教科書即是由他主編，最近十年，雖年已八十，還是擔任國中、高中國文教科書的編輯委員會的召集人。追隨高師二十多年來，很榮幸的博士、碩士論文都由高師指導，從未見過老師發脾氣，唯有在每次修訂各級學校國語文課程標準時，教育當局首先考慮的便是縮減國語文的教學時數，高師總是義正詞嚴的據理力爭，又在各種場合凡談到恢復中華文化時，也常會不由自主的慷慨激昂起來。現在大師已逝，今後又有誰肯為國語文教學和恢復中華文化而仗義直言呢？

以高師的健康情形，我們都深信老師應該可享百年的高壽。如今春風遽冷，頓時若有所失，為了報答師恩，我雖然只是平凡的人，但求無愧師門。老師高足很多，相信都能堅守師訓，為光大師道而努力，老師一生弘揚國學的心血，應該不會白流，敬請老師安息吧！

最後謹附聯語一副，以誌不盡的哀思。

時雨春風沾潤澤，

杏壇典範留長思。

（81.11.17.華副）

往日的情懷

——四合一

小李將於最近結婚，對象是高雄的望族，也是他大學的同班同學。他是我們「四合一」的老么，我們正準備熱烈的為他慶祝一番。

我們四位都是來自中部的山城，那裏有青山綠水、野草叢林，又本為農家子弟，所以滿身懷有鄉下人的氣息。我們都曾在中部的一所師範學校裏受過三年的教育訓練，也當過培育民族幼苗的導師，在這相同的環境下，陶鑄出我們類似的性格，這也是我們日後能結合為一體的原因。

記得在民國五十一年的夏天，我們在小學服務期滿，由於受了上進心的鼓舞，才克服許多困難，毅然參加大專聯考，因一面工作，一面準備考試，用心不能專一，所以聯考的成績並不理想，又為了生活，只好放棄日間部的科系，而一同被分發到政大夜間部（當時日間部聯招，台大、政大、師大三校，設有夜間部科系，民國五十二年廢止），於是便辭去了原來的教書工作，離開了那充滿人情味的鄉村，和那天真無邪的小孩們。負笈北上，隨著人潮，湧到了臺北；一出車站，滿街人頭，車水馬龍，真是不分東西，加上人地生疏，舉目無親，想到以後將要在這陌生的地方，度過五年漫長的歲月，學費、生活……一切費用，將不知從何而來，內心不覺泛起了一片的辛酸。但路是由人走出來的，上天沒有絕人之路，我們發誓要用自己的雙手去開創生命，用自己的力量去完成大學教育，於是大家又充滿了新的希望。

老二張兄首先想出去打天下，目標是木柵某國小，可是當時並不知學校在那裏？校長是何人？竟要登門尋找工作，說來十分荒唐。（該校劉校長今已退休，為人鐵面無私，眾人皆知。）那時只存著碰碰運氣的想法而已。在一天的清早，老張跟著上學的兒童，到達該校大門口，看見門前有一位老頭正在那兒檢紙屑、修剪花木，老張以為是校工，連忙上前請問校長到校沒有？沒想到他竟直口的說：「你找他幹什麼？我就是。」老張頗覺驚訝！並告訴了來意之後，他回答得也很乾脆：「現在沒缺，你把學經歷寄來，需要時會通知你。」幾天後，老張竟輕而易舉的被錄用了。過後不久，小李也以相同的方式進入該校服務。

我從他們二位口中，對於劉校長的個性又更深一層了解，他不須用紅包，不須大人物的八行書和人情攻勢，他很注重教員的在學成績和歷年的考績，這些對我來說是很有利的。有一天我也寫了一封毛遂自薦的信並附上學經歷證件，第三天學校便通知我去報到，見了校長，他所說的話至今我還記憶猶新。他說：「我和你沒有什麼親戚或朋友關係，現在學校有一教員缺額，打算用你，希望你好好的幹，如果做不好就馬上請你走。」我對著這位耿直的校長，不得不感到肅然起敬。過了一學期，在別校服務的老大簡兄亦轉入本校。民國五十一、二年時正是國校人事到達最飽和的狀態，我們四位在夜間部就讀的學生，卻陸續的獲得了工作的機會，這完全歸功於劉校長的大力幫忙。在今日社會中，能有像劉校長這樣的人，可說是有如鳳毛麟角。

我們在該國小的那一段時光，四人租屋共住一處，白天當教師，晚間做學生，在忙碌的生活中，越覺得時間的寶貴，縱使一分一秒的時間也都想充分利用，而不讓其輕易的溜走。為了報答校長知遇的大恩，所以工作從不敢鬆懈，老張、老簡因工作能力強，特別受到校長的器重，先後升任為總務和研究部主任；小李和我分別擔任升學班的國語和算術，學生私下稱我們倆為李國語、李算術。雖然那時升學競爭激烈，但我們沒有時間替學生惡補，可是年年的升學率都居全校之冠。記得在大學畢業的前一年，因功課較忙，怕耽誤學生的課業，堅決向校長辭去六年級的級任，這消息一被學生知道，他們竟關起門來，在教室裏面大哭一場，我們被學生感動得只好繼續的擔任下去。教育本是良心的工作，正課的時間若能充分利用，也就夠了，何必再夜間補習給學生疲勞轟炸呢？

那時惡性補習的風氣正熾，我曾起了一個奇異的念頭，如果要想遏止惡性補習，先強迫教高年級的老師去就讀大專的夜間部，或可收到一些的效果。這樣四年多的時間，白天全都貢獻給了學生，但並不因此而影響自己在大學的功課，晚間和假日是屬於我們自己最珍貴的時刻，逛街、上電影院、交女朋友……對我們來說都認為是一種浪費。大學上說：「定而後能靜，靜而後能安，安而後能慮，慮而後能得。」心意浮躁的人絕對做不了大學問，所以「定」、「靜」是一個讀書人最起碼的要求；因為用心不專一，則讀書不能深入，那膚淺的知識不能算是學問。我們四人始終抱著此種原則，時時相互警惕，砥礪琢磨，於是每學期都能得到為數不少的獎學金，羨煞一些沒有兼職的同學。由於在公私兩方面都能兼顧，平時不問收穫，只有默默的耕耘，不說多餘的廢話，四人行動一致，因此同事們便送給了我們一個「四合一」的雅號。我們對這稱呼實在受之有愧，但在我們心中卻存有一個共同的默契，我們要使「四合一」將來能出人頭地。

「四合一」的個性儘管相似，但亦各有其獨特的地方。老大簡兄，在家排行也最大，父親是中部某國小的退休校長，家中除有數十棵香蕉之外，別無他物。他早我們一期，待人誠懇，文質彬彬，天生富有文學的氣息，長於文藝小說的寫作，曾以「似海師情」一文得過第二屆大專小說創作比賽的第二名，並常有文章散見在各報章雜誌。秉性勤儉，就是一個信封、一張信紙也不輕易浪費。如今他已是兩個孩子的父親，明年暑假可以得到文學碩士的學位。

老二張兄，態度穩重，就是泰山崩於前也面不改色。平時不苟言笑，但一出口就妙語如珠，頗能吸引聽眾。先後考取普考和高考，明年暑期亦可得到政治學碩士的學位，是未來政治上的好人才。家中的大財產便是那幾千隻的鴨子，所以對唐寶雲主演的「養鴨人家」最有興趣，接連著看了三、四場，足可媲美梁山伯與祝英台。我們最喜歡他返鄉，因為他一回來必有大如鵝卵的鴨蛋可吃，裡面大多是兩個蛋黃，真是少見，他說這是他們家的特產。嫂夫人是家專服裝設計科的高材生，夫妻恩愛，目前有一「千金」和一「萬金」。他說：現在每隔兩個星期必返鄉看看兒子，也順便看一看太太。

小李與我淵源最深，不但是師範同校，而且是同鄉，初中同班，又同在家鄉服務，上台北之後又住在一起，因此我對他十分了解，就如同手足一般。他是「四合一」最傑出的一位，也是我時常要我的學生去取法的對象。他剛出生不久，父親即被日軍徵召到南洋服役，一去音訊杳然，至今已近三十年，母親撫養他和一位姐姐，家中並無恒產，所以生活十分清苦。在他小學畢業那一年，雖然獲得全校的第一名，但母親無力讓他升學，早已安排他畢業後替鄰居牧牛，他小學的級任老師深覺可惜，便特地到他家向他母親說情，才免受失學的痛苦。他天資聰明，做事細心，讀書十分努力，從小學到大學一直都是保持第一名的頭銜。這在萬千學子中是很難找到的。記得在初二時，教我們國文的是一位福建籍的老師，他很想找一位養子，一眼就看中小李，但經他打聽的結果，才知小李是獨子，使他大大的失望。初中畢業之後，小李免試升入師校，該校學生程度頗為整齊，沒想到三年後他又帶走了最高的榮譽。在小學服務期間，曾以優等考取普考。服務期滿，本可保送師大，但他不忍心看他母親再為他們而勞累，他需要負擔一家的生活，於是環境逼著他去讀大學夜間部，唯有賴半工半讀，才不至於失學失業。人家都説他是考試的能手，有考必中，中必名列第一，説來一點也不誇大，當他在大學畢業時，即考取本校的新聞研究所的榜首。在服役期間他又考取高考，退伍之後，又以最優越的成績考取外交特考英文組，這一連串的榮譽完全歸於他平時的努力。但他絕對不是為了考試而讀書的書呆子，他主張要學以致用，因此他做任何事情，特別注重效率和講求事功，凡事必先擬定計劃，並依事情的本末先後，有條不紊的去實施，然後才可收到事半功倍的效果。服役回來，即被總統府某科局所羅致，而其才幹深得主管的賞識，這除了表現出他的才華之外，還得力於他的為人。他事親極為孝順，「百善孝為先」是他的座右銘，每逢春節，必書此聯貼於門楹。寒暑假期，偶而返鄉，總在家中陪伴母親，如果因事外出，從未逾時不回，因深恐他母親惦念。孝經上説：「孝者德之本」，立身行事能孝順父母的人，他的人品一定值得稱讚，在校必是個好學生，也是將來社會上的好幹部，所謂「求忠臣於孝子之門」，就是這個道理。我想他未來的新娘一定是很幸福的。

最後說到作者本人，是「四合一」中能力最差的。因從小即失去雙親，跟從兄姊長大，環境磨鍊成刻苦耐勞和自立自治的習性，責任心甚強，一件事若不做完整，則無法放心。生性外柔內剛，人家都說我是一位好好先生，從我的口中說不出一個「不」字，因此常為別人的事而折磨自己。幾年來為了生活，把大部分的精神都花在學生身上，有時想多讀點書，但總覺得時間不夠用。前年雖然僥倖的考取了某研究所的榜首，有機會做更高一層的研究，然而書籍之多，浩如煙海，書看得愈多，愈覺自身的渺小。一個人以有限的生命，而要去探求宇宙人類無窮的奧祕，所得的只不過像滄海的一粟，如再因循遲延，終必一無所獲，而與草木同朽了。我亦於三年前有了一個家，今後希望在安定中能繼續求發展。

指南山上的晨鐘暮鼓，七、八年來一直規律的響著，每當大考結束時，「四合一」常一同踏著輕鬆的腳步，漫步在醉夢溪畔，仰觀著山間朵朵的白雲，俯聽著橋下潺潺的流水，它流走了時光，帶去了我們的年華，更融化了朝夕相處的「四合一」。如今由於新分子的加入，使「四合一」因蛻變而分離，它由四而八、十二……繼續不斷的在變化。回想往日相聚一室，挑燈苦讀的情景，一幕一幕如在眼前。現在雖然還在同校研讀，但卻難得見面一次，各人為了學業、家庭、生活終日馬不停蹄的在奮鬥，想到那些終日可以安心讀書的幸運兒，不知令人多麼的羨慕。趁小李將結婚的時候，胡謅一篇，用來慶祝，並使往日的生活能留下一些片斷的回憶。

（58.11.中央日報副刊）

誤上高樓迷天涯

拋卻自家無盡藏，沿門托缽效貧兒。

王國維人間詞話有這麼一段話：

古今成大事業、大學問者，必須經過三種境界。「昨夜西風凋碧樹，獨上高樓，望盡天涯路。」此第一境界也。「衣帶漸寬終不悔，爲伊消得人憔悴。」此第二境界也。「衆裡尋他千百度，回頭驀見，那人正在燈火闌珊處。」此第三境界也。

的確，一個人要創造一番事業，或成就大學問，在開始總難免會有一種茫然不知從何入手的迷惑，萬事開頭難，各行各業，無不如此。但「茫然」未必就是一種虛浮，有時身處寬廣渾厚的境界中，物我圓融不分，也會有天涯路遙、大地蒼茫的感覺。有人則心甘情願，為追求理想或真理，沈潛其中，犧牲一切，忍受孤獨寂寞，接受來自內外的挑戰，縱使「衣帶漸寬」、「身心憔悴」，也毫不後悔。然而一旦事業有成，或悟得學問三昧，常常會有「得來全不費功夫」的輕鬆。「眾裡尋他千百度，回頭驀見，那人正在燈火闌珊處」，這是代表辛勤耕耘後收穫的滿足。但是在人生的旅途上，最可貴的並不是結果的展現，而是在奮進過程中是否盡了力。換句話說：如果缺乏「衣帶漸寬終不悔，為伊消得人憔悴」的精神毅力，可能將永遠與成功絕緣，甚至有時雖然真理就在身邊，但終身卻不得其解。

談到自己考上中文系、念中文系，完全是「誤上高樓」的因緣無奈，大專聯考雖然有好多的志願可填，不過許多考生所考上的未必就是自己的理想科系。今天臺灣的高中生，在不正常的社會觀念的導引下，很少有真正的志願可言。只要高中時代某一科老師教得好，自己該科成績也特別突出，與本科相關的科系，往往就成了自己理想的志願。另外社會的功利取向，也是學生志願抉擇的依據，如目前臺灣社會醫生賺錢多，醫學系便成了丙組的熱門科系。又如三十年前美國正在發展太空科技，需要大量物理基礎人才，留美容易，於是物理系在國內也特別受莘莘學子所歡迎。後來應用科技在工商社會格外吃香，於是像電機系、機械系、化工系又成為眾考生的理想志願。最近社會上又在高喊資訊的重要，因此資訊系又逐漸熱門起來。再加上由於一、二百年來，國家多難，以及歐風美雨的激盪，整個民心向外，於是外文系便一直是文學院的熱門科系。如果外在的因素會影響自己的價值取向，那麼所立定的志向便是假的志願，依常理來說，人各有志，在正常的社會裡，熱衷各科系的學生應該相當平均才對。但很遺憾的，我們的大專聯考，卻始終沒有這種現象出現過。記得當年自己參加大專聯考，就是糊里糊塗的被分進了中文系。

在沒進中文系就讀以前，坦白說，我討厭中文，更看不起中國傳統的一切東西，因為不管在家裡、學校或社會，所見所聞，總是給人認為「中國太差勁了」。例如在初中時代，教我們的國文老師就是北大畢業的，是新文化、新文學運動的擁護者，班上同學對老師的進步精神敬佩得不得了，他把中國古代典籍說得一文不值，批評儒家學說迂腐、落伍趕不上時代，並指責這種思想害了中國二千多年之久，也常在有意無意間，用論語的話，把「孔老二」諷刺一下，當時我們聽了大為開心。到了高中，教我們國文的是位掛牌的律師，校長特別尊重他，因為老師在大陸上當過縣長，也曾任大學教授，而移樽任教高中，我們以擁有這麼一位老師感到高興，同學對老師也無不敬畏。老師最痛恨的是中國文化妨害中國法治和現代化的進展，並指出中國文字是世界上最落伍的文字，因為受到這種傳播文字的限制，才使中國科學不進步，並且忿忿的說：要小孩子學這種難寫的字，是一項殘忍的事，如果中國文字不改革，中國就永遠跟不上時代。老師批改作文十分嚴格，不許我們使用成語、典故，認為那都是陳腔爛調，勸勉我們多讀一些外國名著，少在故紙堆中去浪費時間，要我們往前看，須不斷的求新、求變，國家才會有前途，民族才會有希望。國文老師都有這種看法，其他各科老師更不用説了。老師的言行深深的影響著我們，於是我們覺得生為中國人，樣樣不行，實在沒面子，有些同學曾私下表示：以後絕不讓自己的孩子讀中國書、學中國字，最好不做中國人。這樣高中三年下來，不知史記、漢書為何物，更遑論其他群經諸子了。

由於在毫無國學基礎的情況下，走進了冷門的中文系，起初對自己的前途實在不敢抱任何希望，但慢慢的接觸到中國傳統的經、史、子、集後，對中國問題重新作了反省，如希臘也曾式微一段很長時間，但希臘人並不因此就懷疑蘇格拉底、柏拉圖……等偉人。又西方文化既然那麼好，為何會有二次慘絕人寰的世界大戰的發生？中國文化也曾使中國風光幾千年，為什麼近一、二百年受到一些挫折，就對它失去信心，因此在觀念上有了很大的轉變，發現每一本典籍都具有充沛的生命力，它無不是我們祖先經驗和智慧的結晶，以及幾千年來博厚文化的象徵。自己在以前居然毫無所知。這時才慶幸自己進了中文系，因為中國文學的研究，境界是如此的高遠，道路又是無比的寬廣，我深深的愛上了它。沒想到在「西風凋碧樹」的情況下，誤上了「高樓」，竟成了一生的轉捩點，現在既然人在「天涯」，真的有點身不由己，多年來為它癡迷、為它憔悴，但一點也不在乎，為的是想在茫茫的「人海中」，找回迷失的「自我」，王陽明曾有一首「詠良知示諸生」的詩：

無聲無臭獨知時，此是乾坤萬有基；

抛卻自家無盡藏，沿門托鉢效貧兒。

我不時低迴吟詠著：「抛卻自家無盡藏，沿門托鉢效貧兒。」彷彿從中看到了近百年來中國社會的影子。

（國文天地　四期）

揚帆待發

——贈畢業同學

寄語橋下東逝水，出山要比入山清。

人生聚散總無常。四年前，經由大專聯考的媒介，大家因緣聚在一起。四年來一塊生活，一道兒讀書，甚至一道兒嬉鬧、瘋狂。彼此由不認識而相識，由相識而熟悉，時光就在不知不覺中消逝，今天已到了揮手道別的時刻。

記得在一年級第一次上導師課時，除了恭喜各位在近十萬考生中，能脫穎而出外，並為各位能被分發到環境幽雅的指南山下來感到高興。更難得的是選讀了中國文學系，因為中國文學是我們祖先的心影和生命的結晶，而個人的生命與民族、國家、文化的生命是息息相關的，在自己的有生之年，能把自己的時間、精力投入自己國家的文學領域中，來尋找中國人心靈的真感情，是多麼的有意義。因為身為主任導師的關係，當時還特別期勉大家說：「文學欣賞與創作是一種心靈的活動，最優秀的人才應進文學系；只要對文學有興趣，就值得全力以赴，不必太遷就現實社會，隨俗浮沈，以致迷失方向。所以人人必須以開闊的胸襟，發揮堅強的毅力，再以無比的氣魄，積極的鬥志，透過文學藝術的滋潤，去追求更高的人生理想。」另外，也提醒各位「慎始」的重要。因為有好的開始，才有可能平穩的走到成功的終點。這一番祝福和期盼的話，彷彿才是不久前的事，沒想到歲月匆匆，如今各位有如揚帆待發的船隻，掌握自己的舵，行將啓程遠航，四年師生一場，對諸位的離去，難免又要叮嚀、囑咐幾句。

畢業並不代表學習的結束，只是終身學習的一個過程而已。讀書本是一生的事，因此大家畢業後，不管繼續深造或就業，每天仍須抽空讀書，黃山谷曾說：「三日不讀書，便覺面目可憎、言語無味。」可見讀書是多麼的重要。但是讀書必須讀好書，讀有意義的書，如此才能豐富生命、增廣見聞。因此凡是古今中外各種圖書，只要好的就應該讀，尤其跟自己工作有關的，更不可忽略。甚至在大學時代所疏忽的一些中國古書，如果肯再重新翻讀，或許從中可找到安身立命的真理。

一般人常喜歡說：人是為自己而活。話雖沒錯，但為了讓自己能真正活得充實而愉快，就不能不考慮別人的處境，和設想生命的真正意義所在，並具有高尚的生活指標。所以我們在工作崗位上，講究「精明幹練」之餘，偶而具有「忘我」的灑脫，去私、去欲，具有不怕吃虧的精神，可能更會受到別人的歡迎。唯有先「犧牲享受」才能談「享受犧牲」。刻苦實幹的傻人，往往才能享有真福。

今天由於社會結構的急遽改變，追求功利，圖謀享受，已成為現階段的時代潮流。甚至有些人受的教育越高，自我的觀念越發膨脹，心目中想到的只有自己，沒有他人，使人與人之間的距離越來越遠，如此社會如何稱得上健全？這是身為知識分子的我們應該要反省檢討的。人無遠慮，必有近憂，所以讀書越多，要越能識大體，並洞澈做人的道理，這才算是讀活了書。我常常這麼想著：假使每位離開學校後的同學，都能將書上的知識轉化成真正的智慧，發揮愛心，去關懷周遭的人和事，甚至還具有無上的責任心，對自己、對家庭、對社會、國家、民族歷史文化的前途，也能盡自己應盡的責任，不致成為一個負心的人。那麼我們的社會，該是何等的溫馨幸福。

大家在四年前擠進了大學的窄門，四年後的今天，又要擠進社會，擠向人群。擠的本身難免有一種被壓迫感，不過四年來同學在大學裏所受的教育，多少會給同學帶來些許的豪情壯志，應該能經得起來自各方面的考驗才對。既不能因一時的得志而忘形，也不能因偶而的失意而灰心，需不斷的自勉自勵，力爭上游。畢業不是分散，而是力量的擴充；你們的成功，便是母校母系最大的光榮。

四載光陰並不算短，但在宇宙時光的大流裡，也只不過是短暫的一瞬。多少良辰美景，如流水東逝；在教室內、校園裏、長堤上，處處留下了各位的蹤跡。這一切的一切，都將成為日後美麗的回憶，雖然離情依依，但終將要送各位離去。雪泥鴻爪，留證前因，希望大家別忘了在這兒學習成長過的地方。最後祝福即將啓航遠去的行舟，一帆風順，前程萬里。

（原載72.6.中華副刊）

上榜與落榜

人的一生可能遭遇過不同的榜，上榜未必令人高興，落榜也不必沮喪，但金榜題名確是人生的一大樂事。近一個月來，有一連串的聯考，如大專聯考、高中聯考、師專聯考、五專聯考，如今已相繼放榜了。由於僧多粥少，要擠上自己理想中的學府，並不是一件容易的事，所以一上金榜的人，他的一切馬上得到肯定，多少年來的寒窗苦讀，也算有了回報，面對未來前程，更充滿一片光明，自然樂湧心頭，喜上眉梢。至於不幸名落孫山，被判出局的人，其過去的努力，就憑這麼一考，便被淘汰否定，心裡的難過與不平，是可以想像的。而這種幾家歡樂幾家愁的景象，也許要經過一段相當長的時間才能平息。

自從開始有聯考以來，一直就有人詛咒它，認為它不但考不出一位學生的平時成績，也考不出學生的才能、品德和健康情況。又為了配合電腦閱卷，各科命題都盡量改為測驗題，更難以考出學生的思考能力和人生理想。然而儘管聯考有這麼多缺失，但是它的公平、劃一，在所有招生方式中，仍是最具特色的。因此，在沒有找到更好取才方法以前，雖然在聯考的枝節上，可能會稍有變動，但大原則是不會改的。所以凡欲躍登龍門的莘莘學子們，仍然必須通過聯考這一關。如果有人故作瀟灑，膽敢拒絕聯考，除非具備有相當的本事，不然將永遠與高中、大學絕緣。由於升學競爭激烈，能上榜的，的確值得大家祝賀。但人生的慾望永無止境，一般人很難滿於現實，縱使考上的，不是怪學校、科系不合理想，就是埋怨興趣不對，而持這種想法的考生想必不在少數。其實一個人是否有成就，完全得靠自己，縱使最著名的學校，同樣會製造一些不長進的學生；反之，再看看今天社會上較有身份地位的人物，卻是各學校都有。所以不必太計較自己考上的學校是否有名氣，只要學校有關心學生的師長，和良好的讀書環境，也就夠了，其他則不必計較太多。如今最重要的，倒是應該早日建立讀書的正確觀念，因為讀書絕不是為了堆積一些零星的記憶，或把自己訓練成參加考試的機器，而是在豐富生命，增廣見聞，學習謀生技能，和陶冶良好的品格。所以凡是能在上一堂課或讀一本書之後，能產生潛移默化的效果，進而轉化成實際行動者，才算是一位真正的讀書人。

我們讀書做學問最後的目的，還是要奉獻社會，而升學只是求學的一個過程。社會結構十分複雜，需要各行各業相互分工合作，分層負責。工作本是無高下貴賤的分別，只要能盡自己的本分，則任何職業對社會都具有同樣的貢獻，基於此，所以不必人人都去升學深造，因此在聯考不幸落榜的青年朋友，也不必過分灰心懊惱。如果因為聯考的失敗，而喪失自己奮鬥的意志，那才是一位真正的失敗者；所以聰明人應該好好檢討自己失敗的原因，是不是不夠用功，讀書方法不得要領，或在臨考時粗心大意等等所致，把這些缺失徹底加以反省，才能化消極失敗，成為寶貴的經驗。如一定非升學不可，那麼這些教訓將可以做為東山再起的基點。如此，這次的失敗，在你的人生旅途上，不但不是一項污點，反而變成一股值得警惕的鞭策力量。跌倒了再爬起來的人，更容易受人尊敬。

在人生的旅途上，本來無所謂絕對的成功和失敗，所以有時不能太計較一些世俗的得失，倒是應該重視達成某項成果前的那一段過程。如上榜、落榜雖是一個不可否認的事實，但如果平時不夠用功，只靠一些小聰明，甚至於投機取巧，而僥倖上了榜，羞恥都還來不及，還有什麼高興可言。反過來說，自己的確用了心、盡了力，日常言行也循規蹈矩，卻由於天資不夠，或某種不可抗拒的因素而落了榜，那又有什麼好難過的。正好可藉落榜的機會，提早選擇適合於自己能力和興趣的工作，來回報社會，這對個人、對國家也都算是一大福音。所謂「條條大路通羅馬」，人人只要肯定自己存在的價值，在人生奔競的旅程上，盡最大的努力，凡事問心無愧，那便是有意義的人生。

（教育電台一週評論）

開卷有益

澠水燕談：「宋太宗詔撰太平御覽等書，日覽三卷，因事有闕，則暇日追補，嘗曰：『開卷有益，朕不以為勞也。』」此「開卷有益」本指宋太宗讀太平御覽的心得而言，但後人卻用它來勉人多讀書，用意極佳。人的一生除了追求食、衣、住、行等物質生活的無缺外，還必須求得精神上的滿足，這才算是完美充實的人生。而精神生活是來自文學、藝術、音樂、宗教……等各方面的修養，這都與讀書有不可分的關係。所以讀書可以提升人的品質和境界，豐富人的生命；充實之謂美，因此說「開卷有益」。

由於教育的普及和印刷事業的發達，書籍之多，浩如煙海，其間良莠不齊，因此讀書必須有正確的選擇，才能開卷有益。譬如有些中學生，思想尚未成熟，邏輯訓練也不夠，竟沈迷於悲觀或存在主義的哲學中，由於缺乏思辨的能力，在不知不覺中，自己的人生觀也受到很大的影響，慢慢變成了消極或不滿現實，這不但無益於個人，對整個社會、國家也沒有幫助。又如一些誨淫、誨盜的書，如果看多了，耳濡目染，無形中也會日趨下流，因而敗壞社會風氣，像這些書不如不讀。所以所謂開卷有益，是有條件的，當是指好書而言；那麼何謂好書，簡單的說，凡一本書讀了之後能增加新知，給人產生奮發向上的意志者，都是好書，像這種書就不怕多讀。

同樣一本書，有人開卷有益，但有人卻不然，書讀多了，反而僵化了自己，而不知有所變通，像歷史上的一些腐儒、朽儒便是。「學問為濟世之本」，絕對是真理；至於如何充實學問，多讀書乃是重要的途徑之一，但書必須讀活了，才能將知識學問轉化成智慧，不然只是堆棧中的材料，徒增大腦的負擔而已。因此，為了勉人能手不釋卷，以養成讀書的好習慣，而說開卷有益，其本意極為正確；但別忘了必須選好書，讀活了書，這樣才能真正受益；而古人認為讀好書、讀活書，乃讀書人起碼的要求，所以直言開卷有益，並不為過。

（幼獅月刊二一六期）

牛郎織女

中國是以農立國的國家，農業開發很早。而作物的種植需配合節令氣候，和充沛的水分，於是觀天象、訂曆法、興水利、開溝渠，便成了農業社會很重要的工作。在史記中有曆書、天官書、河渠書，詳載了中國古代的天文、曆法制度和水利措施，足見中國文明在二千多年前，已有高度的成就。其間最能反映中國農耕社會的神話傳說，便是有關「牽牛織女」的故事。

早在先秦典籍中，就有牽牛織女的記載。詩經小雅大東篇說：

維天有漢，監亦有光；跂彼織女，終日七襄。

雖則七襄，不成報章；睆彼牽牛，不以服箱。

詩的大意是說：「仰視天空的銀河，看來燦爛而有光彩；跂望那織女星，每天雖移動七次，但她又做了些什麼呢？那每日七移的織女星，並不能織成片段的錦帛；那光明耀目的牽牛星，並不曾駕過車。」（參見馬持盈詩經今註今譯）這裡的牽牛、織女是被拿來作譬喻，雖已被「擬人化」，但還沒有神話的意味。不過將此星定名為牽牛、織女，已充分反映出古代男耕、女織農業生活的社會型態，以及就人世間的悲怨聯想到被天河隔開的二顆星，已具有簡單的故事情節。在史記天官書說：「牽牛為犧牲，其北河鼓。河鼓大星，上將；左右，左右將。婺女，其北織女，織女，天女孫也。」這兒的牽牛星人格化後又稱牛郎，是代表祭祀用的犧牲；織女又叫天女、天孫。如以現代天文學來看，牛郎、織女是二顆恒星，牛郎屬天鷹星座，織女屬天琴星座。每當在盛夏初秋天空晴朗的晚上，一般農村，在一天辛勤工作用過晚餐後，一家大小，聚集庭院，休息納涼，閒話桑麻，瞭望夜空，繁星熠熠，天河如帶。牛郎、織女隔河相望，撩人遐思。於是慢慢將此二星「情化」、「神化」，有關牛郎、織女的傳說便逐漸被推展開來，成為中國星宿神話傳說的代表，有所謂七月七日鵲橋相會、七夕女兒節、乞巧節，最後竟成為中國現代的情人節，正表現出民間俗文學的多變性。

牛郎織女神話傳說，到了漢代已趨成熟，例如古詩十九首中，就有首專門抒寫牛郎織女離情別恨的詩，詩云：

迢迢牽牛星，皎皎河漢女，纖纖擢素手，軋軋弄機杼，終日不成章，泣涕淚如雨，河漢清且淺，相去復幾許；盈盈一水間，脈脈不得語。

古詩十九首到底作於何時？各家說法紛紜，難於確定，但不應晚於東漢末年，詩人把牛郎織女拿來作為寫詩的題材，而且把二星直接人物化，賦於人性，所以「牛郎織女」的故事架構在漢代大致已完備，並可想見它應該是當時很流行的傳說。到南朝梁人宗懍撰「荊楚歲時記」（舊題作晉人，四庫提要認為晉是梁之誤），也有「牛郎織女」神話傳說的記載，書中提到牛郎織女的故事大致是說：「在銀河東邊有位織女，她本來是天帝的女兒，一年到頭都勤勞的做女兒家的紡織工作，織成雲錦華麗的天衣，所以天帝非常喜歡她，因愛憐她終年的獨處，便決定把她許配給河西努力從事耕作的牛郎。沒想到織女自嫁牛郎後，就不再織布了，牛郎也懶於莊稼，天帝大為生氣，便下令讓織女回到河東，而牛郎仍留在河西，硬是把這一對恩愛夫妻分隔開來，只允許每年七月七日的晚上，讓他們渡河相會。」當時另外有部書題名殷芸作的「小說逸聞」，也有類似的記載，可見牛郎織女在魏晉南北朝期間，又有了更進一步的發展。

七月七日是牛郎織女相會的日子，早在東漢應劭「風俗通義」就有「七夕織女當游河，使鵲為橋」的傳說，於是七夕又被附會成多采多姿的節日，如根據宋李石撰「續博物志」等有關資料，為了讓牛郎織女渡河相會，所謂「鵲橋相會」的情節是這樣：在七月七日當天晚上，有很多喜鵲聚在銀河上架成一座橋，牛郎織女便藉由此橋而得以相見，鵲兒如此的成人之美，後人便在鵲字前面加一喜字叫做「喜鵲」；而喜鵲為什麼會在七月七日為牛郎織女搭橋呢？這又和另外一則神話傳說有關，即涉及到孝子董永與七仙女的故事，該故事說有次鵲兒犯罪，仙女曾有救命之恩，喜鵲為了感恩圖報，所以才來搭橋，顯然把織女、天女、仙女都結合在一起了，使這個故事有了更豐富的情節內容。

牛郎織女經過傳播者不斷的加油添醋變異，到了形成小說、劇本的案頭文學時，仍然沒有統一的定本。目前可考的「牛郎織女」小說，有明朝萬曆年間的本子，不知作者為何人？本書共十二回，自稱是在講述「天河配、鵲橋相會的歷史」。本書在情節上和一般傳說稍有不同，如說牛郎本是玉帝駕前差使的金童，因在斗牛宮與天孫（織女）相戲，於是金童被貶下凡間，天孫被罰禁在雲錦宮織錦，歷經十三年的相思，玉帝才讓金童、天孫夫妻團圓，豈料兩位團聚後，還依然是男歡女愛，有虧本分，不知悔改，又觸怒玉帝，再度把他們分開在銀河東西，經過眾仙的求情，才得以在每年的七月七日藉鵲橋相會。這是大家較熟悉的牛郎織女的本事。又有別的本子，指稱在很久以前，天庭與人間本只隔一條銀河，天庭在河東，人間在河西，織女是天庭王母娘娘最疼愛的小孫女，溫柔、靈巧，很會織雲彩衣錦。牛郎在人間，父母早逝，受到兄嫂欺凌，被趕出家門，只隨著一條老牛，自己耕地謀生，常自嘆孤苦。有天老牛告訴他，可趁著七仙女到河邊洗澡時，藏下其中一件衣服，便可娶仙女為妻，牛郎便照著去做，果然娶到織女，結成夫妻，並生下一對兒女。因織女不再織雲錦，王母娘娘大為生氣，就派人捉拿織女回去。牛郎便用扁擔挑著一對兒女，直追織女到銀河邊，王母娘娘施展法力，將銀河移到天空，牛郎披著老牛皮也飛上天，王母娘娘隨即用金簪往銀河一劃，本來清淺的河水頓時波濤洶湧，無法渡過，父子三人只好輪流在河邊舀水，希望把水舀乾；織女則在對岸一直癡癡的望著，他們的真情終於感動了王母娘娘，答應每年七月七日這天讓他們相會，喜鵲成群來為他們搭橋，他們才得以團聚，這時天空會下起雨來，據說這是他們相見時喜悅的眼淚。情節完整，充分表現出悲喜劇的特質。

七夕的牛郎織女傳說，也結合一些民俗活動，相傳西漢時，在七夕這晚，宮女們聚集在「閉襟樓」學習穿七孔針，並作「鬥巧」的遊戲，民間也有「七夕上街看織女」的習俗。南北朝時的宮女則在「穿針樓」穿針乞巧，且有各種不同的形式；據明朝劉侗、于奕正所編「帝京景物略」，曾提到當時有用盆水放針乞巧的作法，就是在七月七日那天中午，先盛一盆水放在太陽底下晒，然後將繡花針放在水面，再看盆中的針影，如成雲、花朵、鳥獸、鞋、剪刀、水茄等形狀，便是乞到巧了。以後由宮廷到民間，乞巧方式各有千秋。如根據「祕閣閒話」筆記，說從前蔡州有一丁姓婦女，善女紅，每年七夕，她便供奉一些瓜果酒菜以乞巧，有一年，忽然有顆流星墜落到她的供桌上，第二天在供桌上發現了一把金梭；從此以後，她的女紅大為精進。於是像在台灣民間，便發展出七夕拜「七娘媽」的習俗。這種由神話傳說演變成民俗活動，使傳說更具有它的神祕性和真實感。後來又經騷人墨客的文筆渲染，「牛郎織女」的故事就更加引人入勝。如曹丕燕歌行：「牽牛織女遙相望，爾獨何辜限河梁。」白居易長恨歌：「七月七日長生殿，夜半無人私語時；在天願作比翼鳥，在地願為連理枝。」杜牧的秋夕詩：「天階夜色涼如水，臥看牽牛織女星。」情思都非常真摯動人，於是才有人把七夕當作是中國的情人節。

歷來都把「牛郎織女」的神話傳說與「孟姜女」、「白蛇傳」、「梁山伯與祝英台」等視為我國民間文學的瑰寶。它很具有中國風味，在從前的農業社會裏，牛郎努力耕田，織女勤於栽桑養蠶繅絲織布，正是社會上男女分工很好的典範，而牛郎織女的貪戀歡情，則是他們受到挫折分離的原因，對世人具有警惕的作用，也烘托出男耕女織真誠夫妻的纏綿愛情，這也是「牛郎織女」最感人的地方。整個故事是以星宿神話結合農耕生活的一些情感而起，在流傳過程中，因受到儒家、道家、佛教等思想的影響，帶有集體性、變異性等民間文學的特色。它是神話、傳說，也像是仙話，又與民俗活動息息相關，所以從古到今，才一直被人津津樂道。

傳燈人

給彰師大第一屆國文系同學們

記得自己在初中畢業那一年，考上師範學校，內心高興莫名；當時在校的同學，也人人以身為師範生為榮。那時學校管教嚴格，學生們對自我要求也高，於是給我們養成了良好的生活常規和正確的人生態度，多年來它還一直的在影響我們。孔子的弟子子貢曾讚美老師說：「仲尼，日月也。」（論語子張篇）孔子被譽為萬世師表，他有如日月般的永恒輝光，不斷的普照著世世代代的炎黃子孫。我們雖不敢狂妄自大，以孔子的精神自比，但始終也沒有妄自菲薄過。雖然自己的能力是那麼有限，自己所能點燃的光，也許連一盞小的燭火都談不上，不過一切只求盡其在我，問心無愧；如此歲歲年年，獻身教育，無怨無悔。而在本年度彰化師大成立國文系，有幸與同學們共同為未來的國文教學而努力，深感責任重大，因此對大家的期盼也特別的殷切。但願將來大家在教育的工作岡位上，勝任愉快，並竭盡所能的去點亮各種燈光，不但要照明自己的前程，也要照亮未來千萬學子的心，並讓社會的黑暗處能大放光明。

一位偉大的教師，必須要具有宗教家的修養，在滾滾紅塵裡，心燈獨明，師生間以心傳心，達到心靈真正的契合。有人感嘆當今社會風氣的敗壞，其原因即來自人心的污濁頽廢，所以要美化社會，必先要美化人心。而如何才能美化人心呢？就是要去除物慾和私念，還原人性本初的一念之仁，這個仁心便是孟子所說的天理、良知，心燈就是天理良知的外發，心燈不熄，自能靈明通徹宇宙萬象，真正體會到萬物生生的大德，妙悟人生的究竟。以這樣的大生命、大心靈，去待人，自然能給人生機；去接物，自然能包容萬物。所以師大的學生，必須具有高度的道德素養，凡事要往深遠看，不能目光如豆，要以開闊的心靈、真誠的意念、軒昂的器宇，不時的砥礪自己的品德學問，使自己將來站在講臺上，不只是一位傳播知識的經師，更是一位人類心靈建設的偉大工程師。

中國有悠久的歷史文化，但由於近一、二百年的內憂外患，加上歐風美雨的激盪，有不少國人因此對傳統文化產生懷疑而喪失信心，甚至加以詆毀否定，今天別說是一般國人，就是知識分子，真正能了解什麼是中華文化者，恐怕不會太多，這也是我們社會始終無法提升素質的主要原因。當一個民族不知重視自己的文化時，就很難健康的去接受外國文化的精華，面對這種情形，如果不能早日加以扭轉改善，而要想讓我們國家真正的現代化，則有如緣木求魚。一百多年來，我們的國運所以會落到如此地步，其癥結則在教育方向有了偏差，教育工作者未能闡揚本土文化的精華。如果一位教師不懂得自己文化的精髓，如何能培養出熱愛自己文化的學生，和熱愛國家的國民。今天我們的社會表面上看來雖然是經濟繁榮，民生富裕，但是不可否認的，社會問題也層出不窮，有不少人因為心靈空虛，只知聲色犬馬，盲目的追求感官刺激，看到這種浮華無根的社會現象，難怪一些有心人士會憂心忡忡。今後如果要重建民族的自信心，讓中華兒女不再漂泊，唯有從教育著手，才能從根救起。而站在教育第一線工作的教師們，負起傳遞文化的火把，將是責無旁貸的事，尤其是國文教師，別小看那一點真正的文化火花，只要有心弘揚，相信它也一定有燎原的時候。

一個人的自然生命，總是有它的時限，而如何才能把短暫、有限的生命，化為永恒、無限，則必須讓生命凝聚出光和熱，能將心比心，推己及人，由小我到大我，自能永遠的生生不息。一個人在人生的旅途上，不可能一直都是風平浪靜，挫折、失敗總是在所難免，不過有了這些挑戰，才能顯現一個人的毅力，和磨鍊出鋼鐵般的意志，所謂生命的光與熱，便是從中迸發出來。達爾文就曾說過：「沒有風浪，顯現不出水手的腕力；不臨戰爭，試不出將士的勇氣。」同學們在師大未來的四年裡，必須勤加鍛鍊自己的志氣，多學習，多去體驗人生。不要怕失敗，怕的是失敗了不知立刻爬起來。迷人的名位、財富，雖然也可以讓人生顯得光彩，但它絕不是人生最寶貴的東西，有時它反而卻變成墮落的根源。一個人的價值，是在於他是否能散播生命的熱光，去溫暖眾生，身為教師者，最需要的便是要具有這樣的人生觀。

有人把教師比作蠟燭，他是不斷的在燃燒自己，照亮別人；其實在照亮別人的同時，也在光顯自己。一燈照隅，萬燈照國、照世界人類，施比受更有福，這是大家所熟知的道理；但是要它付諸實際行動，就不是那麼容易。不管是要點燃心燈，或傳遞文化火把，還是要讓自己的生命產生光和熱，都必須基於一個前提，那就是要發揮人性最原始的力量——愛，一位教育工作者所需要的也是這一顆愛心，由於我們有愛心，才能讓四周充滿歡樂，和讓自己顯得高貴。而最誠摯的愛，也是最善、最美。諸位是彰師大國文系首屆的學生，系風的好壞，也建立在大家對系的關懷上，因此今後如何去培養愛心，大家應該視為最重要的課題，因為有了教育愛，將來才能成為一位快樂的傳燈人。

（81.彰師文學）

風月寶玉

紅樓夢是中國近三百年來最流行的一部愛情小說，也是中國舊小說中最受外人注意的一部。它最早稱為「石頭記」，又叫「情僧錄」、「風月寶鑑」、「金陵十二釵」，因書中第五回有「驚幻仙曲演紅樓夢」，最後一百二十回有「賈雨村歸結紅樓夢」，所以後人才以紅樓夢為名。

一部成功的小說，人物的塑造相當重要。賈寶玉在紅樓夢全書中算是造型相當成功的一位，因此可以說是主角中的主角。

賈家本來為金陵的望族，寶玉的父親賈政，是榮國公賈代善之次子（長子賈赦），但因賈政為人方正，且較得賈母（史太君）之喜愛，所以地位高於賈赦，後來賈赦充軍，賈政便承襲了榮國府。寧榮二府人丁旺盛，而寶玉又是次子之孫，地位本不如此重要，然因紅樓夢一開端就顯得這大家庭已有沒落的跡象，因此希望能重振榮府昔日的聲譽，正好寶玉一出生即口銜寶玉，人又長得清明聰秀，於是榮家就把全部的希望都寄託在他身上。作者這種自然的安排，無形中給人對賈寶玉出生就有一種不同凡響的感覺。作者為何把榮府二代都安排以次子為主，大概可以看出曹雪芹對於傳統的反動。

作者為了表現寶玉在家庭中地位的尊貴，給寶玉身邊安排了許多大大小小的丫頭，前後約有十二個之多，而且那些丫頭都是賈母和王夫人最欣賞的。又每當寶玉一出門，還要有六人護送，可見寶玉在家中受寵備至，地位十分特殊。

曹雪芹對寶玉在家中地位的安排是具有其用意的，如寫賈母之溺愛，以及對丫環間之放肆，還有賈府四周環境生活之混亂，有人說：賈府除了門前那對石獅是乾淨的外，其他無一處是清潔的。在這環境中耳濡目染，因此使讀者對寶玉以後所做的一些行為，能加以諒解。

紅樓夢一書故事的展開是從第三回起，首先是將主要的人物介紹出來。

為了安排男女主角在一起，基於當時的社會背景，作者別有一番用心，如林黛玉因母親（寶玉姑母）的去逝，父親林如海將她送到外婆家，於是才有機會和寶玉接近。又因薛家在金陵打死人以後，往京城投靠賈府，寶釵也跟隨前往，於是又把另一主角引入，寶玉的戀愛生活便是指著姑表妹與姨表妹間的三角戀愛關係。而寶玉心愛的實在是黛玉，最後被逼跟寶釵結婚，而造成黛玉的死亡，他的心情是痛苦的，終於看破紅塵，出家學佛。

曹雪芹為了要達到這種造型的目的，所以給賈寶玉安排了種種曖昧的行為。有人說賈寶玉是一個多情的種子，愛紅成癖，又善於體貼女性。十二金釵中除了至親的四姊妹和巧姐、王熙鳳、李紈外，其他多多少少和寶玉都有些不平凡的關係。另外，寶玉和一些大小丫頭關係也是非比尋常。又其和秦鐘、蔣玉函有同性戀傾向，最使讀者不能諒解。作者為了表現寶玉在行為上是卑鄙的、骯髒的，不惜用泛愛、亂倫、違背常情、染指丫頭、同性戀等來表現他，因此給讀者留下深刻的感覺。

寶玉的行為儘管那麼地卑鄙，但奇怪的是一般紅樓夢的讀者並不討厭他，這是本書寫作極為成功的地方。作者要讀者了解的，就是一個人若是要進入較高的精神境界，必須熬過許多苦，深刻的去體驗人生，以證明人的慾望雖可得一時的滿足；但精神上卻往往是空虛的。

寶玉在家庭環境中，所見的不外乎是三種類型的男子，但都不是他所欣賞的。一是賈政，具有父親的權威，是正統的嚴父型，這種類型當然不被寶玉所喜歡。二是世俗罪惡型，專門追求功名利祿，像賈雨村之流便是，也是寶玉所厭惡的。三是腐化的公子哥兒型，像賈珍、賈璉之流，更是寶玉所瞧不起的人。因為賈家的男子沒有一個值得他效法，只好逃到女人國中，因此對他的種種行為，也就值得同情了。

他不但恨別的男子，更恨自己生為男子，他曾說自己是濁物、濁玉。他反對功利主義，對著那些循著科舉之途，埋首讀書以求上進的人，視為「祿蠹」「國賊」，把那些「立身揚名」、「仕途經濟」的言論，都罵成「混帳話」，甚至鄙視那些「文死諫、武死戰」的忠貞愛國人物，認為是「濁氣一上來」所做最糊塗的事。他懷疑一般書籍都是杜撰，「只有明明德外無書」。所以他寧肯「雜學旁搜」，儘量逃避那傳統的教育方式。寧願成天與一幫女子廝混，卻懶與士大夫接談，又最討厭「峨冠禮服」。表面上看起來像是墮落，其實正可見出他具有崇高的理想，因礙於環境，不得不逃避現實。

他是一位性情中人，和一般詩人一樣，具有奔放的熱情，但卻被環境所囿。他曾訴怨說：「我只恨我天天圈在家裡，一點兒做不得主，行動就有人知道，不是這個攔就是那個勸的，能說不能行……。」層層的壓制，又無反抗的勇氣，足見他生活的苦悶。

寶玉是愛黛玉的，因為「林姑娘卻從不說那些混帳話」。最後他卻在「父母之命、媒妁之言」下屈服，但他仍是對黛玉一往情深，寶釵還要冒黛玉之名才能跟他結婚，黛玉死了之後，更加深了他心中的難過，只好遁入空門。由此可見寶玉在行為上雖是泛愛者，但在精神上卻是專一深情的人。

寶玉出家的思想早已有之。如第一回「空空道人遂因空見色、自色悟空，遂改名情僧，改石頭記為情僧錄。」寶玉隨著年齡的增長對人生的體驗漸深，後來又見莊子南華經，漸有逃避濁世之思想，如在第二十二回「聽曲文寶玉悟禪機」。以後又受佛教的影響，使寶玉在思想上又起了一次大變化。在黛玉死了以後，他完全看破人生，他不明白他最愛的人為什麼要死，這又給他加深了一層人生的體驗。在傷心之餘只好皈依佛門，以求精神上的解脫。

總之，作者是要藉賈寶玉來表現他人生的理想，他認為人生無常，功名、富貴、嬌妻等外在的東西都不值得留念，轉眼間一切都化為虛無，故不得不把寶玉創作成如此的形象，寶玉的一切邪行惡跡都是作者的說教，所以紅樓夢可以說是一部活生生的風月寶鑑，寶玉卑鄙的一面，正是寶玉深受痛苦的地方。

品詩論文以知味

如何美化心靈，豐富生命，這是很多人的願望。而詩文是一種以語言文字為工具的藝術，最具大眾性，給一般人的感受也最為直接，它對社會風氣的影響十分深遠。中國文化悠久，民族性特別愛好藝術，古今有不少的詩文佳篇，因此，要怎樣去品詩論文，就不只是在學學生應有的素養，舉凡各行各業的人士，如能領略其中的道理，我們要想建立一個和諧的書香社會才有可能。

從文學欣賞的角度來看，閱讀詩文的原動力，是來自知味後所引發的興趣；讀到一篇興致淋漓的詩文，我們的心情將為之一振，並產生一種積極向前的人生態度，而帶來健康快樂的生活。所以桐城文派高舉文章的八大義法，即主張在形式上要講究格、律、聲、色，在內容上要注意文章的神、理、趣、味，尤其「趣味」二字，是文學藝術之所以能吸引人的根本所在，如果我們閱讀詩文時感到枯燥乏味，除非作品水準太差，要不然就是不懂欣賞的要領。

品詩論文貴在知味，而所知為何味呢？首先就是要知其「真味」，換句話說，必須先要去體會作者的真感情、真思想和真正意念。譬如高中國文第二冊選有紅樓夢「劉姥姥」那一段，如想體會出其中的真味，則先要知道曹雪芹的紅樓夢是用血淚寫成的，是出自作者深刻人生體驗的結晶，是用生命所凝聚出的文句和情節，每一位人物個性的塑造，都是在滾滾紅塵裡，作者要藉以作為說教的對象。這種用心又有多少讀者能真正的體會得出呢？所以曹雪芹曾有詩云：「滿紙荒唐言，誰解其中味？」就以「劉姥姥」這一節來說，「劉姥姥」雖是紅樓夢大悲劇中的甘草人物，但如果仔細去玩味，在劉姥姥的喜劇性格中，何嘗不是蘊含著人生的另一種悲劇，他的言行舉止也只不過是供人開開心而已。曹雪芹用筆墨烘托出真實的人生，在假假真真的生活裡，如果太認真只有苦了自己，像絳珠草林黛玉，

「絳珠」隱喻血淚，林黛玉的多心和不開朗的性格，導致她悲劇的一生。例如有一次她和賈母、寶玉等人，划船遊湖，寶玉看到枯殘的荷葉，便說為什麼不叫人把它剷除掉。黛玉聽了頗有所思的說：「我最不喜歡李義山的詩，只喜歡他這一句：『留得殘荷聽雨聲』，偏偏你們又不留著殘荷了。」雨打殘荷敗葉，淒淒切切，這像是黛玉的身世遭遇，讀到這兒怎不令人感到鼻酸，但這種結果卻是由黛玉的性格所造成，讀者能有這樣的感受，才算是真正體會到紅樓夢的真味。

其次，品詩論文要知其風味。而所謂風味是指滋味好，並具有自己的風格特色。如讀韓愈的師說，可以想見他對弘揚孔孟之道的熱心；讀柳宗元的始得西山宴遊記，可體會出柳宗元寄情自然，與萬物冥合，渾然忘我的心境；讀李白的長干行、登金陵鳳凰臺等詩，讀到「郎君騎馬來，兩小無嫌猜」、「鳳凰臺上鳳凰遊，鳳去臺空江自流」，李白那浪漫不拘的個性，見於字裡行間；又如讀杜甫的贈衛八處士，可以想像他在烽火連天、時局混亂的環境裡，對人生無常的感歎；讀孟浩然「宿桐廬江寄廣陵舊遊」、王維「輞川閒居贈裴秀才迪」，給人一種回歸大自然、與世無爭、恬淡自得的心境；讀岑參「白雪歌送武判官歸京」詩，唐時的塞外風光，戍邊軍人的心情容貌，又鮮明的呈現在我們的眼前；讀蘇軾的「赤壁懷古」，東坡豪邁不拘的性格，也栩栩如生的活躍在我們的心中。每位作家的作品，都有他自己的風格，讀他們的作品，能確實的得其風味，才稱得上是作者的知音。

第三：要知其韻味。優雅深長的風味，便是一種韻味。一般所說的不俗、灑脫、生動……等，雖然也會給讀者帶來某種的韻味，但真正的韻味是在於「言有盡而意無窮」，例如從詩文簡易文句中，或溫潤的內涵裡，卻留給讀者低徊不已的餘味。就像袁枚祭妹文末尾說：「紙灰飛揚，朔風野大，阿兄歸矣，猶屢屢回頭望汝耶！」平常的言語，卻鉤出了作者無限的情感，如當時情況的淒涼、作者心情的紛亂、深深的骨肉之愛，以及依依難捨的死別之情，它的感人處，就在其韻味的深長。再如詩文如別具風格，而含有不盡的言外意、言外情、言外象，則會自然而然的散發出悠悠的風韻。晉陶淵明曾說：「性不解音，而畜素琴一張，弦徽不具，每朋酒之會，則撫而和之曰：但識琴中趣，何勞弦上音？」「琴中趣」即來自弦外之音，其意在無弦，而卻有深意在。有如劉鶚老殘遊記「明湖居聽書」那一回，指出白妞王小玉說書，其「餘音繞梁，三日不絕」，甚至「三月不絕」，乃在它綿綿長長的韻味。

最後是要得其禪味，這裡所指的禪，並不像佛家所說悟得人生什麼大道理的大徹大悟，它只是讀詩文之後當下的一種頓悟，悟得某種哲理，富有新意。例如陶淵明所寫的桃花源記，他是以客觀的記敘方法，抒發其對純樸社會的盼慕之情，文中提到桃花源裡的人曾告訴漁人說：「不足為外人道」，這句平常的話，卻具有耐人尋味的禪意，它不是如字面所說「不值得對外面的人說」那種表面的意思而已，從這句話使我們悟到真正的桃花源，它並不是什麼特別的人間仙境，只不過是最平淡、平常且充滿人間溫馨的生活罷了，這種生活當然不值得對外人道。文後又說漁人「處處誌之」、「遂迷不復得路」，為什麼找不到桃花源，從中又可悟得「桃花源」

在現實的社會中並不存在。換句話說，我們要過平常、平安的平淡生活，是件不容易的事，但卻值得我們去努力，因為平凡的人生才是真正的不平凡。另外像柳宗元的江雪：「千山鳥飛絕，萬徑人蹤滅，孤舟蓑笠翁，獨釣寒江雪。」、「鳥飛絕」、「人蹤滅」、「孤舟」、「獨釣」，指的都是空和無，所以從「江雪」中可悟得人生空無的境界，也唯有心境能空能無，才能擁有真實的自我。

品詩論文，能得到這些真味、風味、韻味和禪味，對詩文的興味便會油然而生，讀起詩文來，自能手不釋卷。不過，當我們剛閱讀詩文時，並不可能馬上就知其味。品味就像吃東西一樣，必須慢慢的咀嚼，細細的品嘗，真味才能出來，狼吞虎嚥，是得不到真味的。欣賞詩文也是如此，唯有反覆熟誦，才能得味。而尋味的途徑重要的有下列四個方向：

就立意以尋味

詩旨、文旨是詩文的靈魂所在，不管詩或文章，必須要有創意，才有新味，才能引人入勝，用情要真、要深、要誠才能感人。如我們常讀到一些懷才不遇的詩文，但是偶而看到懷才何必遇的作品，一定會令人有耳目一新的感覺。又如以「人生如棋」為題，有人認為下棋的意義並不是在最後的輸贏，而是在整個過程的完美，所以人生的究竟也是在於妥善的去把握每一個階段，不必等待，不必期盼，只要步步落實，那便是有意義的人生。

就題材以尋味

題材是指作品的題目與材料。例如彭端淑「為學一首示子姪」，題目的要旨是在「為學」，但通篇所論卻是那個窮和尚到南海的事情，說明了為學與做事的道理是相通的。又全文以富和尚和窮和尚的對比為材料，說明要實現願望但兩人觀點的不同，一位認為要有財物為依據，一位認為要靠堅強的毅力；因意志力完全掌握在自己，這是作者之所以推崇窮和尚的原因，但不能誤解為有錢和尚就不能立志，如此才不致於歪曲作者的原意，所以清楚的掌握題材，才可以尋得真味。

就字詞句章篇以尋味

字詞句章篇是指詩文的結構、鍊字、遣詞和造句。如佈局錯落有緻，條理清晰，邏輯性強，便容易依理以尋味。如金昌緒「春怨」：「打起黃鶯兒，莫教枝上啼，啼時驚妾夢，不得到遼西。」本詩的結構是採連環因果的寫法，即第一句為第二句的因，第二句又是第三句的因，第三句又是第四句的因，第四句又是第一句的因，因果不斷，味在其中。再有用語含蓄曲折，也是得味的要方。常人說：「美酒飲教微醉後，好花看到半開時」，看花半開，飲酒微醉，最為動人，它常常能給人一種「山窮水盡疑無路，柳暗花明又一村」的新奇。又如擬人的手法，像張泌寄人：「多情只有春庭月，猶為離人照落花。」或俗巧的文詞，如李白與友人對酌：「兩人對酌山花開，一杯一杯復一杯，我醉欲眠君且去，明朝有意抱琴來。」或雙關語，如劉禹錫竹枝詞：「楊柳青青江水平，聞郎江上踏歌聲，東邊日出西邊雨，道是無晴還有晴」，以「晴」諧「情」。如從這些修辭的技巧去尋味，常常可翻出詩文的新趣味來。

就論據典故以尋味

如以論說文來說，論據是證成論點的主要依據，不管是理論證據或事實證據，只要用得很貼切、簡括，自然能顯現它的說服力。如韓愈的師說：「巫、醫、樂師、百工之人，不恥相師」，那麼為學求師，那就更理所當然了。至於詩歌應用典故，就有如論說文的論據，以普通、真切、深括為佳，最忌冷僻或用錯典。如果典故用得好，可以節省不少的文字，又可收到含蓄和意在言外的效果。像李商隱的錦瑟詩，「莊生曉夢迷蝴蝶」、「望帝春心托杜鵑」、「滄海月明珠有淚」、「藍田日暖玉生煙」，都是典故，讀者如能仔細去推敲，將會別有一番滋味在心頭。

做任何事情，趣味是它主動力量的來源，有趣味不但能持之有恒，而且還可收到事半功倍的效果。讀書做學問也是如此。又黃山谷曾說過：「三日不讀書，便覺面目可憎、言語無味。」可見讀書不僅能使我們有錦心繡口，而且還可美化我們的外表，變化我們的氣質。但是就一般讀書人來說，並不是一開始接觸詩文就會有興趣的，梁實秋曾說過，要培養做學問的趣味，必須先經過勉強的階段。如以品詩論文來說，必須先讀通詩文，然後由其立意、題材、字詞句章篇結構、典故論據等去尋味，進而能得其真味、風味、韻味和禪味，那麼讀起詩文來自然就欲罷不能了。

（彰化女中週會演講）

偷得浮生半日閒

紅塵滾滾，眾生百態，有不少人為名為利或為生活，終日馬不停蹄的奔波操勞。然而也有人整天無所事事，遊手好閒，這樣的人生又有何意義呢？本來人人都需要工作，靠自己的努力，來養家活口和維持自己的生存發展，這是很正常的生活。但人並不是機器，無法永不休止的工作，縱使是機器也要有保養潤滑的時刻，何況是人呢？雖然理想的生活有所謂工作八小時、休息八小時、睡眠八小時的三八制；但在今天繁忙的工商社會裡，有些人卻不惜犧牲休息和睡眠時間，忙於兼差，為工作、為讀書、為追求理想而忙碌，甚至有些人無事也忙，忙一些無意義的活動，不懂得以正當的休閒生活來調劑身心，藉以提升人生的品味，而缺乏古人那種「偷得浮生半日閒」的雅趣。

「閒」是指有閒暇，且具有閒心、閒情地去體會一些閒趣，和做些活絡筋骨的運動，這種的「閒」才有意義。所以所謂「偷得浮生半日閒」，並非忙裡偷閒的意思，它是勉人要把握忙於工作後難得的空閒，在沒有壓力的情況下，鍛鍊身體，滋潤心靈，使身心能得到舒展的機會，好準備走更遠的路，擔負更重的責任，這個「閒」不是很難能可貴嗎？「偷閒」指的便是偷這種「閒」。所以休閒生活必須作妥善的安排，才能充實生活內容，使人生顯得光彩煥發。不然「閒」反而成為罪惡、墮落的根源，「小人閒居為不善」，這是值得大家警惕的。例如今天社會上有一些不正當的休閒活動，像賭博、玩大家樂、狂飲暴食、狂舞、機車狂飆、鉎魚、鉎鴿……等，正反映出台灣社會的輕浮、粗俗，以及人心的偏失和醜陋，使表象的經濟繁榮更形可怕，有人稱台灣為「貪婪之島、野蠻之國」，便是缺少正當的休閒生活所致。其實閒人不但容易惹閒愁，也容易產生是非，因此如何端正休閒生活，便成為我們要重建純樸社會的重要課題。

人有工作做是最大的幸福，但如何保持旺盛的精力，以及具有日新又新的觀念和智慧，不時的提高工作的品質和效率，則有待適度的「偷閒」來「充電」，達到休養生息、含精蓄銳的目的。因為這個「閒」是得來不易，所以必須好好的加以利用；但不管計畫做何種的活動，都要兼顧到養心和鍊身兩方面，而養心主要在求靜，鍊身則在動，動靜有致，節制合常，方能真正獲得休閒的益處。

就以養心的休閒活動來說，古人常寄情於琴、棋、書、畫，除了藝術家把這些活動當作是一種專業外，一般人如果具有這些素養，將是業餘生活最佳的調劑。琴，以今天的觀點是代表對音樂的愛好，一個人在優雅的音樂聲中，情思便有所寄託，心靈自然也會趨於寧靜，有一顆寧靜的心，才可以細細的去品嚐人生的美妙。棋藝更足以啓導人生，常人說：「人生如棋」，即在警惕我們，萬一一時大意走錯了一步，雖未必全盤皆輸，但勢必會影響大局，人生何嘗不是如此。因此，我們必須步步為營，落子有如佈兵，必須應用智慧，考慮周詳。可是不必太計較輸贏，下棋的樂趣是在整個過程的變化奧妙，和突如其來的挑戰性。人生的意義也是如此，只要能把握當下，過程穩當，便是合理的人生。至於書法是今天最能代表中國文化的一種藝術，從變化簡單的筆畫中，可以看到書法家的情操、神采和毅力等風範；又從一個人的字體也可看出他的性格，所以練字也是一種鍊氣和修身、養性的活動。繪畫包括了中畫和西畫，如就中畫而言，它是與書法同源，都是著重在線條的表現，簡單不複雜，但從中卻蘊含著一些人生的道理，如生活簡單、平淡便是福、真平凡才是最偉大等。又如中國的繪畫早期本有彩色，但演變到後來竟以水墨畫為主，單純的構圖，在虛實之間，可以看到畫家那種悲天憫人的仁者胸懷，並兼有至深的人生妙趣在。假如趁閒暇時，能從事這些有意義的活動，不但可以美化我們的心靈，同時也可進一步美化我們的人生。當然養心的休閒活動不止琴、棋、書、畫，其他像閱讀、寫作、篆刻、垂釣、集郵、集古玩、集奇木、收集石頭……等，隨與所致，選擇一二，終身以赴，將不難體會到孔子那「游於藝」的無上境界。

再談到鍊身的休閒生活也很重要，因為身體是一切事業的基礎，有健康的身體才有財富，有健康的身體才有幸福的生活，能留得青山在，不怕沒柴燒。有人說：「生活就是運動」、「一身動則一身強」，因此如何利用閒暇安排一些有益身心的户外活動，也是休閒生活很重要的一環，例如散步、慢跑、登山、旅遊、打球、游泳、植花、蒔草……等，它不但是體力的活動，而且從中也可獲得寶貴的人生經驗和啓示。例如登山除可強身和磨鍊毅力外，同時也可體會出一山比一山高，天外有天、人外有人的道理。又如從植花、蒔草的園藝活動裡，將會發現萬物向生向陽的生生之德，了解什麼是參天地、助化育的仁心，而使我們具有更寬闊的胸襟，與天地萬物共生共榮的一體感，這種大生命、大心靈，才能突顯人類高貴的品質和生命的尊嚴。

休閒生活的項目很多，除上述養心和鍊身的活動外，還有一些公益活動或社會服務，例如擔任醫院、養老院、孤兒院的義工，藉服務大眾，來實現自我，這是人類社會至高的道德表現，也是最有意義的休閒活動。

每一個人的興趣、背景不同，如何選擇適當的休閒生活，應視個人的情況而定，例如沒有相當的經濟基礎，卻選擇了打高爾夫球、保齡球等的活動，那就不切實際，不如打打太極拳、做做氣功，同樣可以達到鬆弛身心和健康的目的。今天凡是講求高品質生活的國家，沒有不重視休閒生活的。人生有夢，但築夢要踏實。正常的人生必須要有正常的工作，但在工作之餘要懂得如何「偷閒」去做有益身心的休閒活動，一緊一弛，這才是一個健康快樂的正常人生。

清新社會的源頭活水

半畝方塘一鑑開，天光雲影共徘徊；
問渠那得清如許，為有源頭活水來。

這是一首朱熹所作「觀書有感」的詩。「半畝方塘」並不算大，但它卻像一面鏡子般的清澈明淨，反映出「天光雲影」，並在那兒耀動浮現著。而這「半畝方塘」的水為什麼會那樣清澈呢？因為它有永不枯竭的「源頭」在不斷的輸送活水的緣故。朱子是要用這一首詩來說明他的人生觀，他認為我們每一個人也都有一塊「心田」，如果能永遠保持這一塊「心田」的澄淨深透，心胸自然開朗，是非善惡自可分明，如此言行則知分寸。至於如何才能使心地潔淨不染，則必須讓充滿生機的「仁心」時時不斷的湧現。假使人人都有這一分的省思和修養，社會自然清新和樂。然而，今天有不少人，覺得我們社會在繁榮中卻存有種種的問題，如部分人士進退失據，言行無當；各級民意代表在議壇上常有失去理性的肢體抗爭；又有些人常高喊自由、民主，但卻不知守法和尊重別人；再有街頭上的群眾運動，常脫序而成為暴民；以及經濟秩序的混亂，社會暴力犯罪的層出不窮……等，早為台灣的治安亮起了紅燈。如果我們想要重建台灣的社會秩序，除了趕緊在治標上作一些應變的措施外，恐怕要從社會教化入手，來徹底的改造每一個人的心靈，以注入一股源頭活水，才能讓我們的社會起死回生。

國父在心理建設自序說：「夫國者，人之積也；人者，心之器也；而國事者，一人群心理之現象也。」國事是一群人的心理現象，這並非唯心之論，只是在強調「人心」的傾向對國家盛衰和社會風氣好壞影響的重大。大學上也說：「修身在正其心」。所以今天社會上一些不正常的現象，其實就出在人心的偏頗上，因此如何端正人心，便成了端正社會風氣的前提。而一般所謂的心，其實包括了心性、心知、心情、心意……等含意，屬於心性和心知的心，是一顆天理良知和分辨是非善惡的心，也是人之所以別於一般動物而成為萬物之靈的根本所在。這個心可以稱為「道心」或「本來心」。當這種「本來心」與外界環境的人事物相接觸時，馬上會產生一種念頭和情緒，便叫「心意」、「心情」，如此「心意」、「心情」就非單純，可能有善有惡，也就是王陽明所說的「有善有惡意之動」。假使在意念發動的剎那，能保持不變的道心，所發出的便是真情和真意，絕無半點虛假，則此心晶瑩剔透，氣宇自然軒昂，這也是朱子所說的「半畝方塘一鑑開」的境界。可是此心一旦受到外界的引誘和污染，偏離正道，就無法保持原來的平正。如大學上說：「身有所忿懥，則不得其正；有所恐懼，則不得其正；有所好樂，則不得其正；有所憂患（指憂慮），則不得其正。」「忿懥」、「恐懼」、「好樂」、「憂患」指的都是情意上的過猶不及，不能「致中和」，當然無法保持平正的心，這便是一般所說的「世俗心」，例如在現實社會裡，我們常看到有些人，執著己見，目光如豆，自以為是，對不合己意的事，便感到忿恨不平，如此何能客觀理性的去面對問題。又有些人疑心過重，恐別人比自己強，怕喪失自己擁有的名位財勢，於是終日誠惶誠恐，寢食難安，這樣也就無法維持言行的正常。再有人私慾薰心，沈迷財色，玩大家樂，賭六合彩，流連舞廳酒廊，人心耽樂到如此地步，社會怎能不腐化?另有一些人生活態度消極，心情低落，憂東愁西，缺乏向上奮鬥的心志，這樣的人多了，社會又怎麼會有前途？可見社會大眾如存有不正常的心，當然會形成不正常的社會。我們的社會就這樣的被「世俗化」了，絲毫看不出是一個文化古國所應具有的國民風範，而且還有每況愈下的趨勢，貪婪之島是來自貪婪的心，這是關心國家前途的人，值得深思熟慮的問題。

為了建設一個清新又具有活力的社會，的確是每一個人都應保有一顆赤子之心，時時注入一股清澈的源頭活水，那麼這一股清澈的源頭活水是什麼呢？就是真誠的意念，大學上說：「欲正其心者，先誠其意。」不誠無物，只要天理、良知被私欲所曚蔽，言行便會有所偏差，這叫做自欺，自欺也等於在欺人。我們常看到一些人言行不一，在大眾場合，放言高論，不知倫常禮節，自命為清流，其實也只不過在譁眾取寵而已，終難服人之心。社會風氣之敗壞，這些人應該負很大的責任。因此言行必須以正心為先，注意意念初動時的誠實不欺，使「天理」不失，本心、道心常在，心自然就平平正正。所以大學上勉人要做到誠意，不但要「毋自欺」，還要慎獨，不時的涵養克己的工夫，多反求諸己，用心需要專注，也就是永遠要保有自己的良知，用「良知」去判斷是非，再行其所當行，則心無虧欠，才能共創一個溫潤純樸的社會。反之，如果用心並非真誠，天良泯滅，那麼看任何事物就不能得到真見，聽到任何話也無法真正明白其真義。真見、真聞是來自平正的心。所以不能心平氣和，就無法用「真知」去分辨是非善惡，如此等於心已麻木，麻木便是不仁，不仁就是失去「本心」的「非人」，「非人」則與一般禽獸無別。因此誠心誠意的待人處事，就是聖賢的仁者心腸，也是恢復社會秩序的良方，和社會重現蓬勃朝氣的源頭活水。

中國人自古以來，就很重視修齊治平的道理，誠意、正心而後，才談得上修身。「身」只是代表一個人有形的軀殼，而主宰這個軀殼和賦予它生命活力的便是「心」，如汽車的車體叫車身，而駕駛者所操縱的動力和方向盤就像人的「心」。我們的視、聽、言、動，即眼、耳、口、四肢等身體感官的活動，是受命於心的，所以這些活動實際上就是心之動。而一個人修身的目標，無非是要求視、聽、言、動的中規中矩，假如主宰感官活動的心有所不正的話，那麼視、聽、言、動自然就會偏離常軌，也就談不上合乎禮、合乎義了，一個不講禮、義的社會，便是你爭我奪的亂世，如此國家如何能安治？天下如何能太平？寬以待人，嚴以律己，是正常心自然的流露，也是要建設正常社會人人應有的基本修養，可是我們的社會卻是反其道而行，許多人要求別人太多，反省自己太少，好像大家都患了高度的近視，所看到的只有自己，而沒有別人，對自己的過失，有如不見「輿薪」，苛求別人又到「明察秋毫」的地步，人心沈淪，就像一池污水，如再不趕快找到源頭活水時時注入，早日去污除臭，後果將不堪設想。至於那一股源頭活水，本就存在每一個人的心中，只要我們有心，一定可使我們的社會生意盎然的活絡起來，而重現一片萬紫千紅的大好春景。

（78.8.自由青年）

《春去秋來——老師的一年》讀後

有人說：國家、社會明日的希望，就掌握在每一位好老師的手中。而所謂好老師，必須具有偉大的教育愛心，和真實地了解學生的背景和心理，還需要善於佈置學習環境，以及生動活潑的教學方法，與自然純熟的輔導技巧。老師有這樣的素養，從日出日落的一天，到春去秋來的一年，歲歲年年的教師生涯，一定能體會到付出後那種豐收的滿足，和當教師的樂趣，讓教育工作臻於最高境界——藝術的化境。

國立交通大學黃漢昌老師，一向關心教育，也有豐富輔導青少年學生的經驗，《春去秋來——老師的一年》便是他輔導理論和經驗結晶的力作，目的就在幫助老師們了解什麼叫愛的真諦，和如何掌握學生的背景和心理、佈置學習環境，並增進教學和輔導技巧。這是一本值得向老師和家長們推薦的好書。

青少年學生在身心發展上，是屬於狂飆時期，如果不能妥善的給予輔導，難免就會給社會帶來一些問題，唯有透過愛心感動他們，學生才能接受老師的教導，而所謂真正的愛心，不只是一種真誠的付出、奉獻而已，愛必須講求方法，讓學生能夠成長，相對的老師自身也能收到教學相長的效果，這才是偉大的教育愛。

要處理學生問題，首先要了解學生生長背景和心理，曾有位作者以國中生的立場寫了一篇〈牽引〉的文章，深刻地道出了青少年學生的心聲，至為感人。其中有段這麼說：

當我們遇到挫折時，請您以鼓勵代替嘲諷。
當我們嚐到失敗時，請您以安慰代替責備。
當我們有反抗行爲時，請您以耐心代替記過。
當我們有消極頹廢時，請您以微笑代替冷笑。

唯有在老師默默的關懷下，學生才知感恩，並誘發他們向上的意志；唯有心平氣和，才能找出問題的關鍵和解決的方法。

環境對一個人的影響至為深遠，經營班級，如果能先營造一個優雅的學習環境，對於學生學習和行為輔導，一定能收到事半功倍的效果，因此學校或班級各種軟硬體設施，都需要以能達到境教功能為目標，尤其是班級氣氛的培養，格外重要。

學生如果喜歡讀書，能從學習中學到學習的樂趣，自然會減少管理上的一些問題，因此老師必須認真備課，時時探討教學新知和改進方法，以生動活潑的教學方式，將教材有系統、有重點的傳授給學生。所以除了重視言教、身教之外，還要注重心教，長善救失，提攜學生，使他們能夠心存感激，喜愛學校生活，《春去秋來—老師的一年》在這方面給了我們一些的啓發。

本書共分為二大部分：首為「基礎篇」，從學期初、學期中到學期末，作者根據輔導原理，很有層次的討論如何安排教學空間？如何選擇與制訂班規？如何營造好的開始？如何迅速認識學生？如何選任指導幹部？這些看來都很平常，跟教學也不是有那麼直接關係，但它是一門大學問，也很重要，可是容易被老師所忽略。「凡事豫則立」，好的開始便是成功的一半，本書特別重視學期初的準備工作，以話家常的方式娓娓道來，老師們只要細心去體會，並嚐試著去做，縱使初任班級教學的老師，一定很快的便會上軌道。

想提升學習效果，在於學生要具有自我省察的能力，以及用心需專注，又老師和學生間能互動起共鳴，所以作者「在學期中」提出如何激發學生的向心力？和如何強化合宜的教室行為？以及如何和學生講話？別有見地的給了老師們很好的建議。又現在家長都很疼愛自己的子女，老師和家長必須密切合作，才不致於造成偏差，影響輔導的成效，因此如何和家長愉快的溝通，也必須講究，本書扼要地提供了和家長溝通的要領，使我們很順利的能達成任務。

行百里路者半九十，至於到了學期末，千頭萬緒如何善了，而讓教學、輔導工作有始有終，並好好檢驗學生學習的成效，準備重新再出發，這應是教師們所關心的問題，本書也提出了很好的建議。

雖然作者在「基礎篇」分三部分介紹，但所提出的諸多問題，應該適用全學年的各個階段。而這些的原理、原則，在第二部分「應用篇」，即是他的實例驗證，這些案例讀來十分親切，就像在自己的周遭發生過一樣，作者所提出各種問題的處理方式，很值得老師們參考。

春去秋來，韶光易逝。教師好比園丁，《老師的一年》指出教育工作就如同萬物的成長一般，春耕、夏長、秋收、冬藏，它告訴了我們如何快樂的耕耘，才會有豐碩的收穫。在細讀本書之餘，對作者一番的用心，至為敬佩，也希望老師們能喜歡這本書，如能隨時翻閱，對我們的教學和輔導工作當有所助益。

（87.年幼獅出版社出版《春去秋來——老師的一年》導讀）

我們需要一塊乾淨的大地

人是大自然的一分子，必須靠大自然而生存，而大自然有三寶，就是日光、空氣和清水，缺一則人類無法生存。前些日子，由於內湖垃圾山的一場連日不息的大火，嚴重的影響當地居民的生存環境，也燒起了社會大眾對垃圾問題的熱烈討論；如垃圾的分類技術、垃圾場地點及垃圾車過境的爭執。唯恐因為處理不當，又將造成二次公害。當然，政府有責任負起這項艱鉅的工作，而民眾對於平日生存空間的維護，也是責無旁貸的事。

據報載，臺灣每位國民每年平均約製造五十公斤的垃圾，更由於公德心的普遍低落，隨便丟棄廢物，堆積垃圾，製造髒亂，已造成有關單位的極大困擾。有心人士不免憂慮：臺灣素有美麗島之稱，這樣下去，豈不將變成「垃圾之島」了。

為了清除髒亂，整飾市容，臺南市長蘇南成率先發起警民大合作，試圖運用各種方法，徹底取締髒亂，以建立一個乾淨整潔的社會新面貌。在雷厲風行之際，臺南市確曾一度面目一新。曾幾何時，取締稍一鬆懈，又到處髒亂。自九月一日起，臺北市也採用告發方式，嚴格取締環境髒亂的案件，除了由環保局衛生稽查大隊及各區清潔隊加強執行檢查外，並擴大授權警員、里幹事、市場管理員及民政局、教育局、建設局、工務局、社會局，依權責指定人員執行告發或檢舉，似乎下了最大的決心，非做好臺北市的環境衛生不可。起初確實有一點成效，但一陣風過去後，髒亂依舊，著實讓人痛心不已。

我們常常教導兒童：整潔為強身之本，有整潔乾淨的生活環境，才會有健康快樂的人生。而試觀目前種種的髒亂現象，那一樣不是大人的疏忽或處理不當所致？如此一來，又將如何教育兒女？有關單位雖投下這麼多的人力、物力作宣傳勸導，嚴格執行告發取締，但所收到的效果卻是如此的低微，不禁令人懷疑：我們國民是否具有過現代化生活的水準。如果製造髒亂的壞習慣不能革除，又不能提高公德心和守法精神，我們將永遠無法進入已開發國家之林。

誰不希望自己生存的地方是一塊乾淨清爽的樂土，然而為何不斷的在自己周遭製造擾人的垃圾與髒亂呢？環境污染，固然是經濟繁榮、工業發達常有的現象，但是污染不能防治克服，卻顯示了這一個國家文化素養的不夠、社會紀律的不足；這種不足，不但追趕不上今日經濟成長的腳步，反而將形成社會再進步的阻礙。所以為了使大眾能分享國家經濟進步的成果，進一步提升國民生活的品質，首先要做的，便是如何提高我們國民的公德心，端正社會善良風氣，共同建設一個整潔乾淨的生存環境。

環境的髒亂、有形的污染，固然是一個社會落後的象徵，必須設法加以改善，政府也早已注意到這個問題，從以前消極的你丟我撿運動，直到現在積極的取締嚴懲，只要大家有決心，我們一定能建設一個乾淨的生存環境。但是另有一種污染比有形的髒亂還要可怕，還要更令人擔心，那就是精神思想的污染，例如誨淫、誨盜的書刊到處充斥，還有不正當言論的報導，妨害善良風俗的電影、電視節目、錄影帶，和社會上一些不良的風氣等等，這些污染，足以腐蝕人心，動搖國本，我們更應該提高警覺，端正觀念，並擬訂具體辦法，鼓勵出版優良書刊雜誌，提高演藝人員的品質，倡導正當娛樂活動，使我們全國上下，由環境的整頓到精神上的淨化，好讓我們的大地真正成為乾乾淨淨的人間樂土。

（教育電台每週評論）

君子道長，小人道消

易經第十一卦為「泰」卦，是取「天地交泰」之象，去推演社會人心、人事何能吉祥的道理。這個吉卦給人莫大的鼓勵。它的卦體是由內卦「乾」、外卦「坤」所構成，表示天地陽剛、陰柔二氣交會，是一種亨通祥瑞的象徵，所以卦辭說：「泰：小往大來，吉亨。」因為內卦乾，陽氣升騰，氣勢磅礴，充滿一片生機。坤卦陰氣象徵弱小，其位在外，陰陽二氣相互交流，小去大來，乃天地自然暢通之道，我們如能依其道理而行，自可吉祥亨泰。象傳又將其何以會「亨通」的道理，作進一步的闡發，象傳說：「泰：小往大來，吉亨，則是天地交而萬物通也，上下交而其志同也。內陽而外陰，內健而外順，內君子而外小人，君子道長，小人道消也。」這段話的大意是說：「泰卦的乾坤之道，就是合天地之道，陰往而陽來，上下相交，乾道是屬天的陽氣上升，坤道是屬地的陰氣下降，二氣相接，萬物化育，一定亨通吉祥。同時由於內健外順，上下調和，是內外上下都是志通道合的意思。再就整個卦體的結構來看，它是內陽外陰，象徵內心剛健，外表陰柔；又是屬於君子當位在內，小人被摒除於外，君子之道方長，則小人之道趨於消退。」如就國家、社會來說，「君子道長，小人道消」，則趨於正常；反之，國家、社會將流於混亂。

在先秦典籍中，常見君子與小人相對為言，普通含有階級地位和品德高下兩層意義。如尚書無逸篇：「周公曰：嗚呼！君子所其無逸，先知稼穡之艱難乃逸，則知小人之依。」又詩經伐檀：「彼君子兮，不素餐兮。」以上所言「君子」是代表上位者，「小人」則代表一般百姓。指的是階級地位，並無涉及到品德問題。這種用法在論語中仍然可見。如里仁篇：「君子懷德，小人懷土；君子懷刑，小人懷惠。」顏淵篇：「君子之德風，小人之德草，草上之風必偃。」也都是指在位者和百姓而言，不過像這種例子在孔子學說中並不多見。孔子言論常提到君子、小人，但大多不是單純的在區別地位而已，孔子已給予道德上的評價，好比為政篇說：「君子周而不比，小人比而不周。」又里仁篇：「君子喻於義，小人喻於利。」述而篇：「君子坦蕩蕩，小人長戚戚。」子路篇：「君子泰而不驕，小人驕而不泰。」衛靈公篇：「君子固窮，小人窮斯濫矣！」論語這些篇中所指的君子和小人，很明顯的都牽涉一個人品格上的好壞。易經雖然是屬較早的經典，不過一般學者大體上是承認十翼為孔子的作品，所以泰卦象傳所說的「君子道長，小人道消」，也具有道德價值上的判斷。以「君子」之道代表天地間的一種浩然正氣；以「小人」之道代表天地間一種肅殺的邪氣。「正氣漸長」，「邪氣漸消」，不管個人或社會，自然漸臻佳境。

何以「君子道長」而「小人道消」呢？這也是宇宙大化普遍流行的真理。例如冬季的時候，陰氣特別重，所以天氣嚴寒。然而待立春一到，春雷響起，陽氣滋生，天氣就逐漸暖和，草木萌芽，枝葉欣欣向榮，大地到處充滿一片生機。我們之所以喜歡春天，並歡迎春天早點到臨，就是因為日漸滋長的陽剛之氣，帶有生化萬物的仁心，也給了人們一種祥瑞的喜氣。

這種道理對於個人修養有莫大的啓示，修身的根本就是在保存發揚人人所具有純正、光明的心地。孔子談人有仁心，孟子強調人有善端良知，這便是陽剛之氣的根源；將此仁心、善端表現於日常言行中，便是好人、好事。不過每人也有與生俱來的生理私慾，如果不稍加克制，讓其自由發展，便可能做出許多壞事來。荀子便是從這角度去看人性，他在性惡篇中指出：今人之性，天生就有好利的心，假如讓這種好利的本心自由發展，人與人間便會彼此相互爭奪，那又有什麼辭讓可言？又人生下來也有「嫉恨嫌惡」的心，如果順著這種心發展，將會做出殘賊的行為，也就無忠信可言。再如耳目的慾望，聲色的愛好，也是人人都有，一旦任其滋長，不加節制，便會做出淫亂的事情，而談不上什麼禮義、文明了。可見修身最重要的，就是要做到大學上所說的：「明明德」的工夫。近人蔣伯潛說：「明德是光明的德性，是人人生來具有的，是備具衆理，足以應付萬事的。有時這種光明的德性被人欲所蒙蔽，便昏昧不明了，這和太陽隱於烏雲、鏡子蒙著灰塵一般，看似昏暗，本體的光明卻並未消失；烏雲吹散了，灰塵拭淨了，仍可以恢復它本來的光明。上一個『明』字是動詞；『明明德』是要把人欲除去，使本有的『明德』格外的光明起來。這是修養方法的第一步。」從蔣氏的話可以看出修身的要訣就在「明明德」，要不斷的讓自己清淨光明的德性，不被私欲所蒙蔽，而讓仁心、善端、良知日益滋長，如此自能積善得福。

再就整個社會人群來說，當然不可能人人都是好人，但是一個正常的社會，必須是好人佔絕大多數，而且唯有好人越來越多，壞人越來越少，才算是一個理想進步的社會。我們看看歷史上的許多的盛世，無不是「君子道長，小人道消」的局面，如周武王時，有周公旦、召公奭、太公望、畢公、榮公、太顛、閎夭、散宜生、南宮适、邑姜等治臣十人（見論語泰伯篇），唐太宗時有魏徵、杜如晦、房玄齡、虞世南、褚亮、姚思廉、孔穎達……等十八學士，都是正人君子。才德之士在位，君臣共同為善，小人邪曲之徒，自然不得顯形，於是政通人和，天下安寧，百姓同霑潤澤，這便是國家、社會最大的福氣。從以上的例證可以看出，不管是大自然的現象，或是個人自身的修養，以及社會、政治的各種措施，只要正氣洋溢，邪氣自然消退，一切便歸於正常、合理。

我們再反過來說，大地如果陰氣增濃，陽氣自然隱伏，那便是祁寒隆冬的季節，花木凋零，生意蕭瑟，那不是人們所喜歡的。至於個人的修養也是同樣的道理，萬一讓邪念上了心，心情就很難真誠平正，如大學上說：「身有所忿懥，則不得其正；有所恐懼，則不得其正；有所好樂，則不得其正；有所憂患，則不得其正。心不在焉，視而不見，聽而不聞，食而不知其味。此謂修身，在正其心。」忿懥、恐懼、好樂、憂患等情緒夾雜在一起，就不容易保有平正的本心，缺乏平正的心，那如何過正常的生活？當然也談不上什麼幸福、美滿的人生。再就整個社會政治大環境而言，道理也是一樣，凡是昏庸腐敗的朝代，無不是「小人道長」，「君子道消」。如明末魏忠賢便是最好的例子。魏忠賢本是地方無賴，因賭輸了錢，人家上門要債，窮極無聊，於是入宮做了宦官，即趁機結合朝中的小人，與風作浪，聚黨成群，他們仰仗魏忠賢的權勢，斥逐朝中的正人君子，在明熹宗天啓四年（西元一六二四年）以後，朝中幾乎都是小人的天下，他們常藉故大興文字獄，只要是不順附魏忠賢的，都加以構陷殺害，像楊漣、左光斗便死得很慘。小人橫行，善類為之一空，終於導致明帝國的滅亡。唐白居易曾作「詠草」詩云：「離離原上草，一歲一枯榮；野火燒不盡，春風吹又生。遠芳侵古道，晴翠接荒城；又送王孫去，萋萋滿別情。」表面上看來它像似一首詠物詩，但也有不少人認為它是首諷刺小人的寓言詩，即以「草」比喻「小人」，以「原上」比喻「君側」，小人的難以除去，就像野火燒不盡的雜草一般，只要春風一吹，它又到處生長開來。所以為政用人，最忌小人得勢，因為它將給國家、社會帶來無窮的禍害。

縱觀人類歷史，有如一部「君子道長，小人道消」、「小人道長，君子道消」的循環史，所以從古到今，總是一治一亂、一亂一治的演變著。而易經泰卦給我們最大的啓示，乃在告訴我們如何去追求完美的人生，和建設永遠盛平的社會。謝大荒在易經語解一書中說：「人心相互溝通，則相親而不相忌，然後可以致世運於通泰。但眾心的溝通，必須先有其共信的中心，以資團結互信，方能發揮力量，開創太平。否則不但錯綜複雜的人心不易溝通，縱有一時利害的結合，亦難於持久，勢必仍歸於瓦解的。世事之有治則有亂，猶天時之有晴則有雨，但綢繆未雨與防患未然，則在於人謀。正確的共信中心之建立，便是撥亂致治與長保治平的根本。團結於正確的共信中心之下的人為君子，背離此中心者為小人，君子道長，則小人道消；君子道消，則小人道長；君子道長，則世運通泰，小人道長則世局混亂，乃必然的理勢。」盱衡今天的社會，到處呈現一片混亂的景象，如高層政局的傾軋，各級民意代表的肢體秀，不合法的民眾的街頭抗爭，打殺盜搶事件的層出不窮，經濟的投機，讀書人風骨的喪失，……等，小人道長，這是我們國家、民族最大的隱憂。今後如何撥亂反正，全賴政府建立合理健全的制度，和好人必須挺身而出，讓正義之聲高漲，君子道長，小人道消，才是個人保泰亨通，國家長久治安的至理要道。

（教育電台易經講座）

環境保護

最近社會上有一個熱門話題──到底環境保護重要呢？還是積極的開發工業資源、發展經濟重要？因為二者與我們日常生活都有不可分割的關係，對未來的影響也非常深遠，所以很受社會大眾的重視，但是仁、智所見，各有不同。有人認為在現階段經濟復甦的當頭，為了國家社會的繼續繁榮與壯大，我們必須利用一切可能利用的資源，盡速促成國家早日現代化，所以必須以工業、經濟開發列為優先考慮。但有人則認為我們只有一個地球，一旦生存環境被破壞，自然生態失去了平衡，河川、空氣遭到嚴重污染，造成春天來臨時，花兒不再開，鳥兒也不再叫，一般的河流也無法再讓魚類生存，我們更呼吸不到新鮮的空氣，那時雖然有再進步的物質享受，但那種緊張機械化的人生，又有什麼意義可言。難怪環境保護與經濟開發對正在走向開發中的國家來說，就成了左右兩難的問題。

首先我們來談環境保護的問題，我們都知道人是大自然的一分子，必須依靠大自然而生，所謂人生有三寶，日光、空氣和清水，缺一便無法生存。況且我們今天所賴以生活的空間環境，不但是祖先留給我們的，後代的子子孫孫依然還要藉以生存下去，可見自然環境與人生的關係是何等的密切，如果我們這一代把它破壞掉，將永遠不會再生。所以有人把自然資源看成比故宮的國寶還要寶貴，道理就在這裡。台大教授王鑫在最近召開的「自然生態保育問題座談會」上說：「國家公園不但在保護國家特有的自然風景、野生動植物及史跡，更是一種不可取代的資源。在這裏，可以提供人類健康的自然環境，穩定的生態體系、生態作用；高品質的遊憩環境，充滿知識泉源，深具教育及研究價值的自然寶庫。」可見保護自然環境的價值，並不是用金錢數目就可以計算出來的。不過所謂的環境保護，並不止於國家公園和天然風景區的設立與維護而已，只要我們四周對生活有益的自然環境，如一花一草一木、乾淨的空氣和流水、可以生生不息的土地……等，都應加以珍惜，不要急功近利。孟子曾說過：「有土斯有財」，如在一塊土地上蓋棟大廈，當時可值不少錢，但更重要的，如果可以不蓋的話，利用它來生產作物，也許千年萬年後，它的價值就不是那棟大廈可以比擬的。所以環境保護應從長遠處著眼。

再談到發展工業和講求當前的經濟效益，就國家現在處境來說，也是極為重要的一環，為了改善人民生活，不計一切代價，我們一定要更富有，朝向工業大國邁進，使國家產品有向世界競爭的能力。因此我們必須充分利用每一寸土地，開發所有可供應用的資源，大家群策群力，集中人才，貢獻智慧，積極發展我們的工商經濟。如果在經濟剛要起飛的階段，也要效法其他工業已開發國家，毫無選擇的高談闊論起環境保護問題，因而影響經濟的進展，應該不是妥當的作法。例如為了避免空氣的污染，而禁止所有工廠的興建，為了維護天然景觀，而不要築壩蓄水；或開闢道路，以利交通；為了保持蘭嶼的原始風貌，而反對一切現代化的建設，……等，未免因噎廢食，過猶不及。

今天我們如何能在不破壞自然環境的情形下，又能達到工業開發、經濟繁榮的目的，這倒是我們在從事各種建設當頭，所應慎重考慮的。環境保護必須重視它的積極效益，又所謂保護，並非保持原始，任意讓其荒蕪，而是在不影響我們現實生活的原則下，珍惜自然資源，愛護稀有野生動植物，並順著自然，發展自然，使現有的環境對於人類的生活更為有益，這才算是文明的社會。因此關於環境保護的問題，有待政府配合學者專家共同來研討，希望能早日訂定適合我們的自然環境保護法。至於談到工業開發，我們須先檢討工業先進國家，在他們現代化的過程中，有那些得失，我們盡量吸取他們的長處，並避免缺陷的重犯。至於我們應該發展那些工業，則必須有所選擇，以適合我們目前特殊狀況的需要。如一些污染性大的工業，則應小心從事。前人所謂「大地藏無盡」，亦有待斟酌，像開採完的煤礦，能再生出嗎？所以我們絕不能隨意糟蹋、浪費。因此，保護環境，愛惜資源，發展工業，須相互兼顧，各取所長，妥善配合，而不互相矛盾、牽制或攻訐，這樣才能建設一個真正適合於我們生活的現代化社會。

（教育電台　每週評論）

知命、創命與安命

傳統中國的讀書人，喜歡談天理、命理和地理；天理是指自然法則和人的良知、善端，是我們一生言行所必須依循的理路；命理是指對人生可能遭遇的推測；地理則關係到我們所居住的環境，也是中國人歷來從事農耕生產不可忽略的一大要件；三者都是人生的大事，難怪大家會特別關心。尤其是命理，談的人更多，今天社會上相信命運的人也不少，這種現象到底反映出什麼呢？是值得我們詳加深思和推敲的問題。

人到底有沒有命，如果有的話，我們又該如何去掌握自己的命運？這些都是大家所關切的。而在沒有討論到命的種種問題前，首先要了解什麼叫命？南懷瑾認為命是宇宙某一法則、人事、物理、歷史的命運、時間、空間加起來形成一股力量的時候，人對它沒有辦法轉變，這就是命。（見論語別裁）可見命是一種限制，也是人生禍福窮通的際遇。人的軀體和力量本來就有它的極限，一個人對來自主客觀的限制，無法將其改變得樣樣都讓自己稱心如意，於是對人生不免會產生無可奈何的無常感，只好從大自然中去歸納一些律則，尋找啓示，來安定自己的生活，人生的命感便是在這種情形下產生的。所以我們深信在某種情況下，人確實有命。

既然承認人有命運的存在，那麼人的一生到底有那些命呢？綜合起來，可別為四種：一是與生俱來具體的命。如人的壽命有長有短，這是自然生命，人人都要受其限制，論語雍也篇：「有顏回者好學，不遷怒，不二過，不幸短命死矣！」死生有命，顏回不得壽考，豈非命歟？又生而為男、為女、為美、為醜，或生在富貴之家，或處貧賤之門，這都不是自己一出生即可作主，只能說它是命。二是與生俱來抽象的命。如人的性情各有不同，中庸說：「天命之謂性」，天生的個性也是決定命運的重要因素，像屈原不肯向現實環境妥協，而投江自殺，這何嘗不是因個性而造成的命運悲劇。又人天生的智能也是隨人而異，例如有人擅長語文，有人擅長某種藝術，有人擅長數理……等，稱之為才命，才命不同，在後天的成就上，當然會有所差別。三是與時空相遇的命。這是因人、事、時、地、物的巧合而造成的命，它是一種際遇，稱之為時命、運命或遭命。譬如有人生逢太平盛世，幸福一生；有人卻身處亂世，坎坷而終。有人一輩子常坐飛機無事，有人第一次搭機，偏遇失事，難道這不是時也、命也。論語憲問篇：「道之將興也與，命也；道之將廢也與，命也；莫之致而致者，命也。」又一般人常說：「時勢造英雄」，也帶有時命的意味。這種由於天生個人的氣質，加上後天時空因素，給人的一些侷限，往往令人不可抗拒，這也是命。四是自己所創造的命。「舜何人也？予何人也？有為者亦若是。」個人的命運如何？還要看自己怎樣的去創造。宋儒張載說：「為天地立心，為生民立命，為往聖繼絕學，為萬世開太平。」這「四為」都是屬後天立命的工作，具有積極的意義。其實一個人日常所有作為，都會影響自己的命運。例如社會上流行從面相去算命，就是因臉相會受個性的影響，而個性有些是天生的，有些則要靠後天的修養；樂觀的人面相開朗，悲觀的人，常是眉皺額縮，一副憂鬱相。依其相以了解其個性，而判定其人生吉凶，自然有幾分準確。所以有人說前半生的臉相是父母給的，但後半生的臉相要自己負責，道理就在這裡。由相可斷命，而相半由人造，因此人可以創命，一個人事業、學問、名位等的成就，絕不是與生俱來的命，而需要靠後天的努力。

為了認清客觀的環境和主觀的「我」，使自己具有一顆平穩的心，不但在現實社會中能讓自己找到定位，而且還能很明智的決定自己未來的發展方向，所以人不能不知命。知命是要知道人的環境背景不一，又性命、才命、時命……等，也因人而異，唯有配合自己的主客觀條件，去發展個人之所長，才容易成就偉大的事功。如一位具有音樂天分的學生，學校又有優秀的師資，和充實的器材設備，他能在這方面求發展，當然比較容易有所成就，這才算真的知命。論語堯曰篇孔子說「不知命，無以為君子」，程子、朱熹把「知命」解為是要知道有命而信之，人如不知命，則見害必避，見利必趨，這怎能算是君子人？蔣伯潛廣解四書則說：人是受命以生，故有仁、義、禮、知之心，故不知命無以為君子。南懷瑾論語別裁則用現代人的觀念去詮釋，他認為一個人不了解自己、時代、環境，而有前知之明，則無以為君子。三家的説法雖不同，但可以相通，都認為人如不知命，就不知道時代的趨勢，或洞悉周遭的環境，也不能認清自己的個性和能力，更掌握不住自己未來的發展性，凡事莽撞，缺乏自知之明，那就很難成就一位君子人應有的德業。所以論語以「不知命，無以為君子也。」列為最後一篇的末章，應有其深義在。

知命和相信命運並不完全一樣，知命是要我們知道在人生奮進的過程中，可能受到的限制，進而在有限的範圍內，去開創無限、永恒的世界。相信人的力量是可以改造自己的命運，因為人心與外在的宇宙可以相互感通，如大學上説：「周雖舊邦，其命維新」，中庸也説：「故大德者必受命」，史記司馬遷説：「天道無親，常與善人」，都在説明天能感人，人亦能感天。「積善之家，必有餘慶；積不善之家，必有餘殃。」善有善報，惡有惡報，天人交感，這並非迷信，而是大自然的法則，旨在勉人為善，不必把它視為迷信。大學上又說：「康誥曰：『惟命不于常』，道善則得之，不善則失之矣！」這也是中國古代災異和瑞應說的理論基礎。古人認為天有意識、知覺，可以主宰人類的吉凶禍福；而人的至誠也可感天，所以人可以創造命運，「英雄可以造時勢」，那是不必懷疑的事實。但是在創造命運的過程中，我們必須承認有德的人未必有福，就如同司馬遷稱伯夷、叔齊，「積仁行絜而餓死」，「盜蹠日殺不辜，肝人之肉，暴戾恣睢，聚黨數千人，橫行天下，竟以壽終。」於是有天道「是邪」「非邪」的感嘆，這並非對天道的否定，而是對人事的失望。其原因是在德業是屬於自我的修持問題，至於福報則要牽涉到外界的一些因素，無法完全由自己作決定，如一般人所指的福命，像年壽、高的祿位、大的財富、了不起的事業等，這些靠自己努力或者可以得到，但因受客觀條件的限制，未必都能隨心所欲。因此創命是要在自己能做到的範圍內去下工夫，不能執著於自己無法決定的福命上，不然所遭受的挫折必更多，痛苦也將隨之而加深。唯有涵養操之在我的內在德行，自能獲得最大的寬慰，凡事真誠，盡心以正命，縱使貧賤無位，也應該是一位快樂自足的人。平安、平凡就是福，孔子稱顏淵「一簞食，一瓢飲，人不堪其憂，回也不改其樂」，孔子也自己說：「不義而富且貴，於我如浮雲。」可見創命旨在以提升道德的層次，追求完美的人格，重於外在的事功，因為只有從立德上著手，才能改運、積福。

真正幸福快樂的人生，不是在光彩耀目的外表，而是在求安寧無怨無尤的內心。因此盡人事，聽天命，並非宿命觀，而是真正健康的人生態度。人能樂天隨緣，安於命運，才能在平靜中找到本來的我，所以在知命、創命之後，還要能安於命運。人的一生年歲最長也不過百多年時光，不管聖賢才智平庸愚劣，最後都須歸去，這是上蒼給人最公平的結局，人如要活得愉快，就不能僅在結局上去與人較量高下，而是要問自己在人生旅途上是否盡了力？只要一路上辛勤耕耘過來，不管收穫如何？自可心安，這是安命的第一要義。不過按照道理說，一分耕耘，應有一分收穫，所以安命的第二層意義，即要珍惜自己努力的成果，要不然就很難保有既得的福分，因為一時的成功，可能是某種災禍的伏因，賈誼鵩鳥賦就說：「福兮禍所依」，易經泰卦與其關係最密切的三個卦：錯卦、綜卦卻是「否」，其互卦是「歸妹」，都不是好卦，因為一個人在成功時最容易鬆懈，也容易引起別人的覬覦，所以一時的成功更應小心，得意最忌忘形，才是安命的要道。又人生際遇不同，外界環境錯綜複雜，有時所花的心力，未必能得到相等的回報，這時不能自怨自艾，而造成更大的損失，聰明的人，必須記取失敗的教訓，以增加歷練，增強生命的韌性，那麼這次的失敗，可能是下次東山再起的契機，這是安命的第三層意義。所以安命並非隨波逐流、聽任命運的安排，而是奮鬥以後對成果的珍惜，縱使失敗，只要理得，自可心安，就如詩大雅文王所說的「永言配命，自求多福」，善於處「否」、處「剝」，何嘗不是福。

孔子雖罕言利與命與仁，但就四書而言，談到命的就有八十三處之多，可見「命」的觀念，也是中華文化的一大特色，如果處理不當，可能會流於宿命論，形成一種迷信，如看相、風水、占卜、算命、求神拜佛……等，都與命運思想有關，尤其在社會不安定、人心浮動時，相信命運的人，便會隨之而增加，這難免會影響社會的進步，這也是民國一、二十年代時，一些反中國文化人士所攻擊的對象。為了國家、民族的繁榮壯大，人人應重視主體的我，和認清客觀環境，知命、創命、安命，奮發有為，以追求積極、閒適、自足的健康人生，這才算是洞達了傳統命運思想的真諦。

白沙風範

國立彰化師範大學校址在白沙山莊，校園中有白沙湖，背後是八卦山，湖光山色，景緻秀麗。我國明代有一位大教育家、理學家陳獻章，其思想學說影響後代極為深遠。因陳氏是廣東新會白沙里人，所以一般學者稱他為白沙先生。臺灣同胞大多來自大陸，為發揚中原文化，各地紛紛設立書院，彰化地區自古文風鼎盛，地方人士早在清代於八卦山麓成立白沙書院，教育子弟，以發揚白沙精神為教育宗旨，對開展彰化地區的文教風氣貢獻很大，後人便把講學處所名為白沙山莊，彰化師範大學在此設校，意義實在不尋常。

陳獻章字公甫，生於明宣宗宣德三年（西元一四二七年），卒於明孝宗弘治十三年（西元一五〇〇年），享年七十三歲。他出生在一個普通家庭裡，不幸於生前一個月父親就過世了，是由當時年方廿四歲的母親撫養長大。雖然自幼孤苦，但對寡母極為孝順，讀書甚勤，且具有遠大的人生理想；他曾讀到孟子盡心篇：「有天民者，達可行於天下而後行之者；有大人者，正己而物正者也。」（意思是說：有一種能盡天理的人，他是要看有機會施行他的道理於天下，然後才出來任職行道；還有一種不為利害所動的大丈夫，他先端正自己的身心，然後去化正天下的萬物萬事。）便感慨的說：「為人必當如此」，從中不難看出他所立定志向的不平凡。他中舉人後，又到京城參加會試，然而落榜了，回家後便更加的勤奮讀書，曾修築自己的書房名叫「陽春臺」，靜坐其中，窮日夜讀書，毫不倦怠，但轉而看淡功名，絕意於科舉，數年間足不出户。成化二年（西元一四六六年），復遊京師太學，很得當時祭酒（學術界領導人）邢讓的賞識，稱「宋代大儒楊龜山（時）都不如他」，由是白沙名聲震揚京師，當時給事中賀欽，聽了他的議論後，便辭官不做，拜陳白沙為老師。不久，白沙回到廣東，從事教育工作，由於他的博學和偉大人格風範，從四面八方來執弟子禮的日益增多，慢慢的便形成了白沙學派。

白沙學識淵博，參透人生哲理，無入而不自得，這是來自他學不厭和教不倦的功力和修養。他做學問主張以謙虛為本，以誠敬為門户，以上下四方、古往今來為器宇，涵養深厚，氣象壯闊，生機充沛，為宋末以來日漸僵化的理學，又注入一股新的活力。所以那時凡是出自白沙門下的，大多能清苦自立，不急急於富貴，灑然自得，而有鳶飛魚躍的樂趣。他不但中興了宋元明的理學，也影響了王陽明心學的發展，更樹立了為人師表崇高的典範。

陳白沙教導學生，注重啓發，鼓勵弟子們勇於發問。他曾說：「學貴多疑，小疑則小進，大疑則大進，疑者覺悟之機也，一番覺悟，一番長進。」所謂學問，就是要邊學邊問，邊問邊學，白沙這種懷疑的求學態度，深富科學精神，也是最進步、最有效的教學法。

教師教學，知識的傳授固然重要，但更要緊的是要教導學生如何做一位完美的人，「教好人」才是教育的終極目的。白沙的學問是從靜坐深思中得來，因唯有心能定能靜，才能澄清自己雜亂的思緒，也才能明辨是非，知道有所為和有所不為的道理。大學上說：「定而後能靜，靜而後能安，安而後能慮，慮而後能得。」定、靜、安、慮、得不但是為學的要方，也是做人的大本。白沙一生教人，就是堅持此進德修業的原則。學生們都稱白沙為活孟子，足見他不只是一位經師，而且也是一位人師。

從社會風氣的好壞，可以看出一國國民的生活水準，它也是決定該國興衰的主要因素；而要敦厚社會風氣，則有賴教化，因此擔負教育工作的教師們責任也就顯得格外的重大，良師興國，所謂良師，就是本身的學識和道德人品都堪為學生的表率。今天的白沙山莊，已成為臺灣中部培養中學師資的搖籃，身為白沙人，緬懷前賢德風，不覺令人心嚮往之。

（81.白沙人）

育才與用才

「如何得英雄豪傑再造我中華」，這是今天我們全國上下共同的期盼，治國缺乏人才，怎能把國家治好。如最近報紙上常談論到我國加入國際組織問題、兩岸交流、財經措施、改善社會治安、教育改革……等，都深感到我們當前政治人才的不足。而人才並非天生，須靠後天提拔培養與訓練，而目前我們的教育，或許只能教育出有專業知識的人，要想造就一位真正傑出的人才，可能還有相當長的距離。為了國家前途，該徹底檢討我們當前的用人制度，那麼中國古代的取才政策，或有值得借鏡的地方。

有制度，有限制，行事才有所依據，而不致於踰越方矩，使社會步上正軌。制度如設計得周密健全，也可以減少弊端或意外的發生。就以用人為例吧！人才是建設國家的基礎，為了國家的強大，當然要讓人才出頭。

假使拔取人才，或人事升遷，只以一人或少數人的好惡做準據，而缺乏客觀完備的制度，那麼所用非人，或升遷不當的機會可能就會相當的大，因而誤國、誤民的事就難以避免，嚴重者甚至導致國家的滅亡；歷史上許多庸臣、奸相敗國的事跡，實不勝枚舉。反之，只要有周詳的制度，用人管道暢通，讓天下才幹之士皆蔚為國用，便能開創出一個嶄新的大時代。現在就以漢武帝的舉才制度來作例子，從中不難看出漢武帝一朝為何國勢會如此興盛的原因。在漢武帝即位之初，即注意人才的網羅，根據《史記》、《漢書》的記載，漢武帝曾經三次詔舉賢良。第一次是在建元元年（西元前一四〇年），詔舉「賢良方正直言極諫」之士，在這次董仲舒即以有名的〈天人三策〉，被舉為江都相國。第二次是在元光元年（西元前一三四年），武帝又親策「賢良文學」，下令郡國各舉孝廉一人，公孫弘便在這一次被舉為天子三公。第三次是在元朔元年（西元前一二八年），訂定不舉孝廉之罪。從這些詔令便可以看得出來，漢武帝對舉用人才是何等的重視，而當時舉材的制度大概可分為三種：一是以對策取士。即由朝廷視當時的需要，就國家政策或所需人才，發策論以問，而應試者即就問題本身陳述自己的看法和主張，然後再就其識見，以決定是否拔取。二是舉孝廉。即由政府下詔地方，察舉孝子廉吏，為了鼓勵地方官踴躍的察舉人才，武帝還特別下令，叫大家公議，對那些不察舉的地方官，應如何的給予處罰。但是為了防止地方官隨意推薦人，對他們所推薦到朝廷的人，也有考核和訓練的辦法；如果所推薦的人表現傑出，則推薦者也同樣受到獎賞，同樣的道理，如果所推薦的人不是真正的人才，那麼推薦者也必須連累受罰，如此相互制衡，就可避免徇私不公的現象發生，這也是當時各級政府人才來源的主要管道。三是特殊人才的拔舉。如出使西域，討伐匈奴，防治水患等特殊人才的選拔，在當時的制度，是視需要隨時舉辦特殊的考試，但也允許共同推舉，或由本人自薦，再經查核，見可用則用，經過這麼多的管道，來網羅天下英才，於是有德、有才、有學、有識……的人才，有較多的機會為國所用，而人才也盡其所能的去報效國家，這樣國家那有不強大的道理。

從漢武帝舉才的標準，我們可以發現所謂的人材，不只是在才幹的大小，或是學問是否淵博而已，更重要的是要看他的道德人品，和待人處世的態度。所以漢武帝下詔所要訪求的人才，是「賢良文學之士」或「賢良方正文學直言極諫之士」。「賢良方正」「直言極諫」是屬人品和待人處世的問題，「文學」是學識、才幹的問題；又下詔地方所要推薦的人才，也是孝子廉吏，都以品德為先，因為一個人如果在品格上有瑕疵，知識才能適足以幫助他做壞事。美國羅斯福總統就曾說過：「只教一個人知識，而不教其道德，則不啻是為社會製造危險物。」所以周易節卦大象象辭才說：「君子以議制度」之後，還要「議德行」，因為制度的推行者還是在人，有好品德的推行者，制度才能靈活的發揮它的作用。當然國家所需要的幹才，是德才兼具的人。

《晏子春秋》有這麼一段話：「國有三不祥：夫有賢而不知，一不祥也；知而不用，二不祥也；用而不任，三不祥也。」國家有賢才而不知，知而不能用，用而不能信任，是國家不吉祥的象徵。因此，如果能本著易經「節卦」的道理，製訂縝密的制度，透過各種不同的管道，讓真正的人才出來為國服務，便是國家走向富強安樂的第一要務。

（教育電台一週評論）

重教、尊師與重道

尊師重道是一句大家所熟悉的成語，但是隨著時代的改變，教育的普及，卻慢慢的被大家所忽略；甚至有人把它看成是老生常談而不屑一顧，這也是今天教育越發達，社會風氣卻不見提升的原因所在。其實所謂的老生常談，往往是古人寶貴經驗的結晶，都是人生恆久不易的真理。所以我們不能小看尊師重道，它是使教育能步上正軌、發揮救國淑世功能，所必須把握的基本原則。

二千多年來，尊師重道一直是我國的優良傳統，在古代「師」與天、地、君、親並列，可見教師的地位是何等的崇高，但今已非昔比。記得在十多年前，筆者還在師專任教時，學生有這麼一句自我解嘲的話：有些女孩子徵婚對象的條件要大專以上程度，但特別標明「師專生」除外。這也許是則笑話，但卻有幾分的事實。教師既無錢又無名，在這講求功利的社會，又有誰會看得上呢？而師道為何會如此的式微，大概可從二方面來檢討：一是由於社會型態的改變，各行各業分工極為細密，於是教師的職業也被視為只不過是其中一行而已，又由於目前接受教育已非少數人的專利品，人人可以自由平等的依照各人興趣，選擇各種不同的教育；因為機會來得容易，一般人也就不太懂得珍惜，教師的地位自然就失去了原有的尊崇。加上台灣多年來由於升學主義的作祟，平時教學常著重在知識的灌輸，而忽略了做人道理的指導，只要讓學生能順利的擠進明星學校，可以不擇任何手段，如惡性補習，推銷參考書、試卷等，使神聖的教育工作也淪為商業的買賣行為，這種不良的社會風氣，對師道的傷害最為嚴重。再就教師方面來說，如對教育缺乏崇高的理想，對教育工作敷衍塞責，在教學方法上呆板不求變化，填鴨、死記，把學生訓練成記憶知識的機器。或者缺乏循循善誘的教育愛，這樣如何能得到學生的心。再者，教育本是非常清高的事業，必須具有無比的熱情和敬業精神，才能樹立教師的偉大人格。

但很遺憾的，我們看到各級學校的部分教師，在外面搞股票、做生意，或經營其他事業，教書的工作反而變成一項副業，於是在校倒會、倒債，或貪墨不法，時有所聞；在這種情況下，如何能專心教學。老師不重視教育，如何能受到大眾的尊敬；人必自侮而後人侮之，所以師道的淪落，教師本身也必須負相當大的責任。

韓愈在「師說」一文中說：「師者，所以傳道、授業、解惑也。」「道」是指宇宙人生的真理，也是待人處世的常法、常則；至於「授業」、「解惑」也是屬於道術的一環。因此，教師即是道術的象徵，也是傳道的橋樑；如果教師得不到尊敬，那便是對道術的一種否定，如此教育便失去其真實的意義。禮記學記有這麼一段話：「凡學之道，嚴師為難；師嚴然後道尊，道尊然後民知敬學。」指出做學問的道理，在能尊敬老師最為難能可貴；老師能得到尊敬，然後真理、道術才能受到敬重；真理、道術受到敬重，人們的學習態度才會嚴肅。老師必須「重教」，才能要求學生尊師，而尊師就是重道的表現，重道必以尊師為先，而尊師來自老師重視教育，三者不可分，也是一個人為學受教育應有的態度。在今天強調「知識」就是力量的時代，大家拼命的去追求知識，在方法上可以無所不用其極，可以不尊重老師，結果由於做人失去了準則，知識越豐富，才能越高，反而對社會的危害越大。如多少作奸犯科的歹徒，誰能說他們沒有知識、才能，但他們卻不能用知識才能去造福廣大的人群，倒過來還成為社會的一大負擔，由此可知倡導重教、尊師、重道是刻不容緩的事。

人世間如大家想過美滿的生活，必須人人做好人，而強調如何做一位完美的人，正是中華文化的一大特質。重教、尊師、重道即是這種特質的具體表現。因此只要受到中華文化影響的國家，如日本、韓國等，重教、尊師、重道的觀念到今天仍相當的濃厚。尤其是日本，不管是大學教授，或中小學教師，他們在社會上所受到的敬重，與中國古代並無差別。再看近百年來的中國社會，在西方文明的激蕩下，竟然拋棄了這寶貴的精神，把學校只視為是傳播知能的場所，教師也與百工技藝的匠、員沒有二樣，尊崇已不再，學生可以批評教師，老師的人格隨便受到蹧蹋，師道的淡薄已到無以復加的地步。於是社會風氣敗壞，治安也亮起了紅燈，追根究底，乃在於教育沒能真正發揮它的力量，以及重教、尊師、重道精神的喪失所致。所以我們要想挽救今天的社會，必先要辦好教育，欲求辦好教育，則須從重教、尊師與重道開始。

政府近幾年來，對於弘揚師道的工作也做得相當的積極，如每年教師節舉行慶祝大會，並表彰優良教師；教育廳也編有杏壇芬芳錄；又年年舉行大型的師鐸獎，在在都可以看出政府對弘揚師道所下的一番苦心。但在舉辦這些活動的當頭，要特別考慮的是：教育是一種良心的工作，並非為名為利，教師的人格是否可以比照電影、電視演員來加以表揚，倒是很值得斟酌的問題。殷憂啓聖，良師興國，教育事業對於國家前途的影響是何等的深遠，絕不是靠一、二位明星的教師即可挽回當前淪落的師道。我們期盼政府和社會各界人士，能了解重教、尊師與重道的重要性，合理的提高教師的地位和待遇，使教師生活無慮，並辦好師資教育工作；在平時即給予教師應有的尊重，而不是在教師節選拔幾位教師給予表彰就算尊師。

至於教師本身，也要了解自身地位的特殊，時時不忘策勉自己，自重自愛，重視教育，不但要做好老師的工作，也要當好人師。教育是以教導做人為先，因為一個人如在人品上有瑕疵，那麼其他的一切都毫無意義可言。唯有大家都具有如此正確的體認，由重教而談尊師重道才不致於落空。

（今日世界三十六期）

為開現代新文化，蛻變昔時舊國家

今天有很多人都在談現代化，然而什麼叫現代化？必須先給它下個具體的定義。所謂現代化，絕對不是科技的高度發展而已；也不是以歐化、日化、美化為目標，更不是共化。而是生活的合理化，也就是社會要安定和諧有秩序，民權有保障，民意能充分的表達，民生不斷的改善，人的品味不斷的提升，並日漸臻於均富的大同世界，這才是真正的現代化。而傳統文化的基礎，就是倫理、民主、科學，與現代化的理想正不謀而合。

自從清宣宗道光二十年（西元一八四〇年），中英鴉片戰爭一役，打出了古老中國的種種問題，於是一些有志之士，便開始救亡圖存的國家現代化工作，首先有曾國藩、李鴻章等的洋務運動，結果在中日甲午戰爭，大敗於日本，證明表面的船堅砲利，是救不了國家的。接著又有康有為的變法維新，是想藉政治的現代化來改造中國，不意維新居然只有百日的生命，國事依然日非，終於由　國父領導的國民革命，推翻了滿清，建立了亞洲第一個民主共和國，也為中國的現代化奠定了初步的根基。可惜國人操之過急，在民國八年學術界掀起了對傳統文化的大反動，高喊禮教、中國文化吃人，鼓吹民主、科學的全盤西化運動，在思想界一片混亂下，共化派遂乘機坐大，中國分裂了，沒想到反禮教、反文化的結果，導致吃的人更多，這是中國現代化過程中的大不幸；也誤中西方「不拋棄舊傳統，就不能現代化」的邪說謬論。有不少國人即高唱以擺脫傳統的陰影，作為中國現代化的先決條件，誤導了現代化的方向，不知推陳出新的道理，而使現代化的成果大打折扣。政府在痛定思痛下，才成立文化復興運動委員會，積極推展文化重建工作，希望由固有文化精神的復興，而帶動國家的復興和現代化。

在固有文化類型下，想開展西方型態現代化，自有其困難。東西方文化各有其特色，但是西方社會是否就是人類的理想社會，我們暫不去做價值評斷。不過東、西方文化由於背景和民族性的不同，其文化精神自然不一。為什麼中國文化沒有發展出現代的西方文明？大概有三點主要原因：第一是中國人的人生態度是講求圓融一體，不好奇鬥勝，求新求變；西方則強調對立，挑戰性特大。第二是中國人以知識是在美化人格，「為學」則以學做人為先；而西方則特別突出知識的客觀性，把知識視為一種權利和力量，因此容易走向高度抽象邏輯思維的道路。第三是中國人喜歡講憂患意識、人情道理，所關懷的是人類社會的美滿幸福；西方人則著重在自然物理、理性分析，以及理論與經驗的互動關係。由於以上的基本差別，使得中國近一、二百年沒有發展出西方的現代科技。

中國傳統文化對建設「真正現代化」社會，自有其有利條件，如果我們能放大眼光，去追求理想的現代化，那麼傳統文化的真精神，的確給我們指出了一條可行的坦然光明的大道。中國文化重在對人性尊嚴的維護，是以一整體周全的角度去看人生，如此才不致於使現代化落入一偏。中國是從民本、道德論的立場，來建設民主、法治的社會，民主法治才會真正落實。再有以厚生為前提，去發展科技，也是中國文化的特色，中國文化無宰制他國的野心，不以科技的成果作為現代化的標準，不以自然律去界定所有的人事。注意傳統與創新的密切關係，不贊成與傳統決裂作為現代化的手段。以人文社會的合理化優先於任何科學和經濟發展。如此以傳統文化精神為主導的現代化，才能避免西方現代化過程中的一些流弊。

我們能認清現代化的真諦，不以歐化、日化、美化甚至共化為終極目的。確實檢討過去一、二百年來我們追求現代化過程中的得失，也不以目前的成就為滿足。為了民族的前途，需要積極加強現代化的步調，使國家繁榮壯大。雖然固有文化，對發展西方型態的現代化是有一些障礙，但這並不是中國文化的缺失。有意義的人生，並不止在結構理論的分析，或數字的實驗，把人推向「非人化」的境地；而是「人」的受到尊重。中國現代化的腳步，我們是覺得慢了一點，原因並非學人家學得不夠徹底，而是傳統文化精神的失落所致。今後唯有恢宏固有的文化精神，並化成具體可行的制度，先讓自己健康，再去消融西方的文明，才是使國家早日現代化的正當途徑。

（75.10.31.台灣日報副刊）

人生的究竟

有人說人生就像苦海，也有人說人生如夢、如戲，又有人說人生就是一連串奮鬥的過程。到底人的一生究竟為什麼而活？的確很難求得一個共同的答案，但如何使人生過得充實、完美、快樂而有意義，應該是每一個人最大的期盼，也是值得大家深思熟慮的問題。

人生有很多的工作要做，我們對自己、對親人、對社會、對國家、對全人類，都有一些應盡的責任，責任便是一種承擔，也是一種壓力。再加上人人所不能免的生、老、病、死的無常，人生的確有它痛苦的一面，但是沒有苦，就無所謂快樂了。最幸福的人生，便是有工作做；人生最快樂的事，便是責任的完成。

「很多人常有種感覺，把變化多樣的人生視為舞台，每一個人既是演員，也是觀眾；因此我們不但要扮好自己的角色，也要懂得如何去欣賞人生」。在日常生活中，難免會遇到一些煩人的芝麻小事，就不必太認真的去斤斤計較。但有時也不能太瀟灑，必須正視人生，「懂得有所為和有所不為」，不能老是當小丑，因為這種遊戲人間的態度，在現實的人生裡，往往都是以悲劇收場。至於像奸詐薄倖的白臉人物，更是社會禍亂的根源，也是千夫所指的對象，將成為遺臭萬年的人，這是每一個人應該引以為戒的。「有了如此覺悟，在人生的舞台上，不論在台上、台下，才能心安理得。」

凡生物有生必有死，我們的自然生命，最多只不過是百年時光，總是有時而盡；如此短暫的歲月，難怪連曹操都說：「人生譬如朝露」。何況在人的一生當中，又有太多的虛浮無奈，最後總難免落得一場空，如果我們真的能大徹大悟到人生的這種道理，也許會讓我們的心胸豁然開朗，使我們能體會出人生的淡然趣味。但也正因為人生的短暫不可捉摸，我們更應該珍惜它，並懂得犧牲奉獻的道理，如此才能把短暫變成永恆，把有限的人生化成無限。胡適就曾說過：「人生不是夢，也不是戲，是一種嚴重的事實；你種穀子，便有人充飢；你種樹便有人砍柴，便有人乘涼；你拆爛污，便有人遭瘟；你放野火，便有人燒死。你種瓜便得瓜，種豆便得豆，種荊棘得荊棘。少年的朋友，你愛種什麼？你能種什麼？」生存是一個具體的事實，有意義的人生必須要能向小我和大我交代，我們希望我們的人生多結些善果，就必須多種些善因。

我們一生從呱呱落地的嬰兒開始，慢慢長大，經過幼年、少年、青年、壯年，而逐漸步入老年，每一階段都有它的意義和理想。假使我們不想虛度此生的話，當然要立定遠大的志向，但是人生的究竟，並非在最後的結果，而是在過程的落實與光明正大。例如有些人陳義太高，慾望無窮，但卻不肯踏實的去下工夫，最後不是落得夢幻一場，便是為逞己欲，不惜鋌而走險，為非作歹，終成為社會的敗類。因此正當的人生需要步步為營，只要過程穩當，便是合理的人生，也唯有如此，再大的志向才有實現的可能。

人生的「生」字，它是有生命，和充滿了生機，是蓬勃煥發的，所以健康的人就像東昇的太陽，像春天，又像欣欣向榮的花草樹木，生意盎然，光彩燦爛。它有苦有樂，它像戲但不是戲，它如夢但不是夢。我們不能忽視人生的每一個過程，要勇往直前，把挫折當作磨鍊，把缺憾還諸天地，有如此的人生觀，才能真正體會出「萬紫千紅總是春」的人生境界。

（彰化師大80.9. 晨間箴言）

斷機教子的孟母

三字經上說：「人之初，性本善。」是說每一個人生來都有一顆善良的心，只要不被矇蔽，人人便皆可以為堯舜，因為堯舜跟你我一樣，並不是什麼超人或神仙。然而社會百態，五花八門，物慾的引誘，使人失去原有的純真，在這種環境的薰染下，不免造成善惡、正邪、誠偽……等不同類型的人。所以三字經上又說：「性相近，習相遠。」因此，無論家庭、學校、社會都負有教化的責任，三者相互配合，以彰明人性，方能培養出健全的人。不然，「苟不教」的話，則「性乃遷」；但「教之道」，在「貴以專」，尤其要特別重視兒童啓蒙時期的教育，因為人類幼稚時期格外的長，可塑性又大，一個人一生的觀念和行為標準，往往就決定在最初的幾年，所以父母對子女的教育就不能等閒視之了。

中國古代，是以男性為主的社會，父親為一家之主，具有莫大的權威；但在「男主外，女主內」的習俗下，父親為了一家的生計，常奔波於外，於是實際負起教育子女責任的，常常就落在母親的身上。所以母親的賢淑與否，即為家庭教育成功的關鍵。如亞聖孟子，早年喪父，母親仉氏，守節撫育幼兒；孟子天資穎慧，善於模仿。劉向列女傳說：孟家起初居住墳場旁邊，孟子耳濡目染，便經常學習喪葬執紼痛哭的事情，孟母認為這不是一理想環境，於是便搬到市場旁，孟子竟又學習起宰殺買賣的行為。孟子的這些舉動，雖然不是什麼壞事，但孟母發現兒子有如此強烈的模仿力，又對孟子的未來懷有莫大的期望，因此孟母又再次搬家，這次搬到了黌宮附近；當每月初一、十五時，孟子看到一些祭祀人員進入文廟，行禮跪拜，彼此打躬作揖，進退有節；又黌宮學子，絃歌不輟，無不一一加以學習。孟母看到這種情形，十分欣慰，即決定以此作為久居之地。孟子受了母親三遷之教，乃奠定了他後來成為一代大儒的主要原因。

韓詩外傳也記載這麼一段：孟子小時候，有一次問母親，東家為什麼要殺豬？母親開玩笑說：殺給你吃啊！孟母說了這句話，感到很後悔，她認為古代婦女為重視兒女教育，甚至講究胎教，怎可隨便口出戲言，何況小孩子正由天理進入人慾的重要階段，一切觀念正在養成的時候，如果輕易騙他，將會給兒女留下不良的示範，造成日後的不誠實，於是便特地向東家買肉做給他吃。韓非子儲說也有類似這樣一段故事：說有一天，曾子的太太要到市場買東西，孩子哭著要跟去，曾母勸他不要跟，答應回來為他殺一頭小豬，待妻子從市場回來，曾子便去抓一頭小豬準備宰殺。太太阻止說：我是跟小孩子說著玩的。曾子回答說：不能跟小孩說謊話，因為小孩還沒有判斷是非的能力，一切行為都學習父母，聽從父母的教誨，今天騙了他，等於教他如何去騙人，做母親的欺騙兒子，兒子將來就不相信母親的話了，這不是教育子女的方法，於是便把小豬殺了。像曾子、孟母這種「戒欺求信」的教誨，並非小題大作，因防微杜漸，是不可不慎的。

孟子後來游學於子思之門，有一天上學，忽然半途厭倦回來，孟母正在織布機前織布，一見孟子中途輟學，便立刻割斷織布機上的紗線，孟子看了很惶恐，連忙跪下請問原因，孟母便責備他說：求學就像織布一樣，積了許多紗，才能成一寸寬的布；又累積了不少一寸寬的布，才能成布疋，這樣才能做衣服，才算是有用的布。就像你目前正在求學，必須一日、一月、一年……，不分晝夜，努力用功，才能進步，將來才會成為有用的人。而現在你卻懶學厭倦，不知奮勉向上，所以我剪斷織布機上的紗線，就像你半途而廢一樣。孟子聽了恍然大悟，便繼續去跟老師學習。從此以後，立下大志，發憤忘食，朝夕勤學，終成為中國歷史上最了不起的儒家學者之一。

孟子的成功可說是完全得自母親的身教，所以有人說：「見其子之賢而立，則知其母之義方。」「昔孟母，擇鄰處；子不學，斷機杼。」便是在歌頌孟母的教子有方。今天社會因人口的膨脹，又受到客觀環境的限制，能找到一容身之所已不容易，根本談不上什麼里仁為美。但孟母三遷的故事，並不在教人非搬到學校旁邊去住不可，其最大的啓示，是要為人父母者，該知稚齡兒童，無事不好奇，無事不模仿，父母的一言一行，都是他們模仿學習的對象；因此，怎樣的家庭，就教出怎樣的子女。例如出生勤樸家庭的兒女，大多厚重又能刻苦耐勞；出自書香世家，兒女多半愛好讀書；夫妻不和，兒女亦多不順。可見要給兒女塑造成何種的氣質，就看給予怎樣的環境；並對兒女不正當行為也能適時的加以糾正誘導。如孟母為斷機教子，並非憤怒的發洩，而是藉此要讓孟子了解為學的道理，這才算是真正的疼愛子女，「寵子不孝」，放縱溺愛，只會給社會多製造一些問題青年。梁實秋先生曾說：一棵彎曲定型的樹，是否會再變直呢？這是為人父母者值得深省的。

現在因教育的平等及普及，一般婦女隨著教育程度的提高也慢慢的走出了家庭，步入社會，這固然是對社會、國家一種直接的貢獻，但對家庭、子女來說，何嘗不是一種損失？由於母親終日忙於事業或其他，自然減少和兒女相處的機會，若家境好點的，可請個保母、管家來代司其事，但這只能解決兒女吃穿的問題，卻填補不了兒女心靈的空虛。所以今天為人母又兼職業婦女者，也格外辛苦，但必須具備一正確的觀念，丈夫、兒女的成就，便是太太、母親最大的光榮。斷機教子的孟母，雖事隔二千多年，但其道理絕不亞於當今兒童教育專家的學說新論。她的偉大風範，仍可母儀天下。

（69.7.新生報 薪傳）

幼知孝親的黃香

香九齡，能溫席；孝於親，所當執。

東漢時，湖北江夏地方，有一位九歲的男孩，名叫黃香，小小的年紀便失去了母親，但他卻曉得事親的道理。一心一意服侍父親，辛勤勞苦，克盡人子之道。在夏天天氣炎熱的時候，他就拿著扇子，扇涼父親所睡的枕頭和席子，並驅走蚊蚋，讓父親能夠安寢，到了冬天天氣寒冷的時候，就先睡在父親所睡的床褥上，待被褥溫暖後，再請父親去睡。這雖是小小的舉止，但是由小可以見大，黃香那一份孝心已顯露無遺。因為孝是由事親開始，於是黃香孝順的聲名，傳播鄉里，遠近無所不知。那時江夏太守劉護，聽到一個九歲小孩，就如此懂得孝順父親，覺得真是難得，於是便呈報朝廷，請求旌揚他的孝行。所以在二十四孝書中，黃香也榮居一席，並且被歌頌說：「冬月溫衾暖，炎夏扇枕涼；兒童知子職，千古一黃香。」後漢書文苑傳也稱他「博學經典，究精道術，能文章，京師號曰『天下無雙，江夏黃童。』」由於他感人的孝心，因而名流千載。

相傳有一種鳥名叫慈鴉，知道反哺母鳥。本草綱目說：「此鳥初生，母哺六十日，長則反哺六十日，可謂慈孝矣！北方謂之寒鴉。」大詩人白居易還特地寫了一首「慈烏夜啼」，稱牠為鳥中之曾參，來諷刺世上一些不知孝順父母的人。又有所謂羊兒跪乳等故事，都是用來強調孝道的必然性。也許由於今日社會結構的改變，倫常觀念日趨淡薄，於是一些勸孝的言行，反而被看成了陳腔濫調，其價值輕易的被否定，實在很令人痛心。

子女對父母的孝，是一種人性的真理，因宇宙生物都有一種起碼的本能，就是維持生命的綿延不絕，使萬物生生不息；母體孕育幼兒，幼兒長大又回報母體，就像根吸收營養以繁榮枝葉，枝葉凋落又歸於根，永遠循環不已。所以父慈子孝，是出於天性。而人類具有高度的理性，所以在這方面表現得特別明顯。因此孝道的倡導，是在重視生命的來源，是一種念根報本的自然行為。然而竟有人自甘墮落，不分是非，對傳統總是採取一種敵對的態度，自貶身分，行為日趨下流。不知人心乃像一顆初昇的太陽，當雲霧散開，自然光芒四射；人若順性而行，所做所為，當然無所不善。黃香以九歲稚齡，即能善體親心，乃是這一顆光明之心的具體表現；他的行為，絕不是為了想得到父親或鄰里的讚許，他只是有一顆純真無邪的心，認為能為父母做些事，那是應該的，並沒有什麼了不起，而不知道這就是平凡中的不平凡，即是天下間的第一等人。

像黃香這樣懂事，且知道孝順的孩子應該很多，但其實不然，紅樓夢第一回跛足道人口念好了歌，其中有一段說：「世間都曉神仙好，只有兒孫忘不了，癡心父母古來多，孝順子孫誰見了。」癡心父母古來多，孝順子孫卻不多見，倒可以反應社會的一般現象。所以孝道的淪落由來已久，時至今日，很多父母對子女深感失望，不免抱著悲觀的看法說：「養兒育女是一種義務，並不期望他們將來能回報什麼，只要他們長大能養自己就好了。」難怪二十四孝的作者會說：「千古一黃香」。然而孝道何以會日漸淪落？原因何在？

我想，除了前面所說的受社會結構變動的影響外，和人類價值觀的改變也有密切的關係。今天，人人講究物質的享受，追求自我的滿足，個人主義膨脹，缺乏大我的歸屬感，因而造成親情的淡薄。除此之外，父母在管教上的疏忽，也是一大原因，一般的父母，在日常生活中，不能以身作則，以教孝、行孝來督責兒童，對子女不是過分的嚴苛，就是流於溺愛或放縱，因此才會造成不孝的子孫，所謂愛之，適足以害之，便是這個道理。俗語說：「寵子不孝」，正是前人的經驗談。因此如何維護小孩的榮譽心和加強他們的責任感，實有賴父母的循循善誘，這才是挽救當前孝道淪落的根本辦法。如對子女毫不加以管教，讓其自由發展，而後再去要求其行孝，則有如緣木求魚，不可能達到。其實行孝並不難，只不過是親情的具體表現而已。孟子說：「大孝終身慕父母。」只要這顆孺慕父母的心不被矇蔽，絕對是一位孝順的孩子。

二十四孝中的許多故事，有人批評它不合情理，如為母埋兒的郭巨；

或以父母的不慈來襯托出子女的大孝，如臥冰求鯉的王祥、單衣順母的閔子騫；或流於神話，如嚙指心痛的曾參，哭竹生筍的孟宗……等。但這些故事是寫給小朋友看，說給小朋友聽的，正因為它的神奇或富戲劇性，才容易引起兒童的興趣，和加深他們對孝道的觀念，至於合理不合理，以小孩子天真的本性是不會去計較的。所以二十四孝一書，仍然不失為教孝的兒童優良讀物。但最重要的一點是，在倡導孝道的今天，不必帶有太多功利主義的色彩，如說行孝將來會如何如何，因為想要達到某種目的的行孝，不但不自然，而在境界上總是差了一等。孝只是兒女對父母愛心的自然流露，不必求任何報償。至於歷史上，像黃香一樣，因行孝而被表揚，甚或被察舉任官的，都是因為他們能行孝的結果，但並非行孝的主要目的。這是我們在宏揚孝道的當頭，應該要特別注意的。也唯有如此，才合乎三字經所說的「孝於親，所當執」的真正意義。

（69.9.8.新生報　薪傳）

四歲讓梨的孔融

融四歲，能讓梨；弟於長，宜先知。

孔融字文舉，東漢末年魯地人。是孔子第二十代的孫子，小時候非常聰明，後漢書有這麼一段故事：他在十歲的時候，跟父親到京師洛陽，當時河南太守令尹李膺，自以為地位高，不肯隨便接見客人，因此特別吩咐門房，凡不是當代名人，或是李家的親戚故舊，都不准引見。融十分好奇，倒想要看看李膺這位人物，所以特別登門造訪，守門人起初不肯讓他進去，融便告訴門房說：「我是李家的親戚子弟。」守門人只好代為轉達，孔融才獲得進見。一進門李膺便問孔融說：「你的上代祖父跟我有關係嗎？」孔融回答說：「是的。我的祖先孔子，跟你的祖先老子李耳，有師友關係，所以我們可以說是世交故舊。」在座的賓客聽了，無不讚歎孔融的聰明機智，其中有位太中大夫陳煒，卻不以為然的說：「小時候聰明，長大了未必就有出息。」孔融聽後應聲回答說：「觀看先生說這種話，可見您小時候一定太聰明的緣故。」話畢，陳煒顯得很不自在，李膺卻大笑說：「有這種的見識，將來必定是位大才器的人。」這是一則大家所熟知的故事。可見孔融小時候，聰明伶俐，與眾不同。但孔融日後的成就，並非全靠他的才智。陳煒所說的，本來也沒錯，有多少小孩何嘗不是父母心目中的「天才」，但長大之後卻大多淪為平庸的人，甚至有的聰明反被聰明誤，變成大兇大惡，成為社會國家的敗類。這是多麼可惜的事啊！「小時了了，大未必佳」，說明了有好的天資，還必須加上良好的教育，才會有所成就；而教育最重要的就是教導他如何做人，能各依所長，以成其德、成其才、成其器，人人施展抱負，造福社會。

孔融除了具有超人的慧根外，最難得的是他小小的年紀就懂得孝悌之道，三字經說他在四歲的時候，便知道謙遜的禮節。有一天客人送來了一筐梨子，哥哥們將大的選去，孔融站在一邊，從容的拿了一顆小梨，大家都說：「你為何不選大的？」融回答說：「哥哥年紀大，應該吃大梨；我年紀小，應該吃小梨」。這種舉止，在一般人看來，雖然是微不足道的小事，但卻是平凡中的不平凡，充分表現出孔融那種善良的本性，這種發自內心無所為的善行，境界最高。孟子說：「人人皆可以為堯舜。」便是指這種行為而言。因為堯、舜跟你我一樣，絕不是什麼特別的超人，一個人只要心不被物慾、私念所矇蔽，那麼所作所為，無不是聖賢之行。

孝與悌常常是合而為一的，能孝必能悌，能悌也必能孝，不然就非真孝、真悌。後漢書孔融傳又說：融是一位非常孝順的人，十三歲時，父親過世，融至為哀傷。詩經說：「哀哀父母，生我劬勞。」又說：「父兮生我，母兮鞠我，拊我畜我，長我育我。顧我復我，出入腹我。欲報之德，昊天罔極。」融為盡人子之孝，以報父母養育的大恩，因哀毀過度，至不能起。這種感人的純正孝行，真是難得，所以鄉里的人都稱他為孝子。

論語學而篇說：「孝悌也者，其為人之本歟！」能孝、能悌，便是一位有仁德的人。所謂仁，簡單的說就是愛人之心，有了它，宇宙萬物才能充滿生機和朝氣。所以「仁」是人際關係的滑潤劑，而一個人在家裡與父母兄弟姊妹相處，便是人際關係的開始，子女對父母能孝，兄弟姊妹相處能悌，骨肉家居，自然一團和樂。可見孝、悌是待人處世的根本要目，了解這道理後，才知道孔子為什麼說「孝悌為行仁之本。」孔融既孝且悌，可稱得上是位具有仁者胸懷的賢者，使他日後能擔負起社會付給他的重責大任。他在任北海相時，著力於振興學校，重儒生，抗賊寇，頗有政績。其本性好客，曾對人說：「座上客常滿，樽中酒不空，吾無憂矣！」至情至性，很得人緣。又擅長詞章，文采斐然，是建安七子之一。

陳立夫先生曾說：「道德之第一目的為顧及他人，謂之修道。」孔融讓梨，就是能顧及他人的表現，這乃我中華文化的基本精神。可是時至今日，由於生存競爭，物慾橫流，人人常只知道自我，不知有別人，於是自私自利，置社會、國家於不顧，固有道德，在不知不覺中逐漸喪失，「皮之不存？毛將焉附？」這是國家的大隱憂。今日有些為人父母者往往太溺愛孩子，對子女的要求，無不答應，在這種情形下所教導出來的兒女，當然不知謙讓為何物，在家與兄弟姊妹相爭，到社會與人爭，人人相爭，社會那有不亂之理。歷年來表彰孝子的事例不少，但宏揚悌道的並不多見。所以「孔融讓梨」在今天來說，仍具有特殊的時代意義。

（70. 2. 23.新生報 薪傳）

中國文學的悠悠之美

中國有如錦繡一般的河山，從最北的黑龍江，而黃河，而長江，直到南方的珠江，悠悠江水，從古流到今，還要流到未來。其間有高山、有大湖，有寬闊的平原，也有綿亙起伏的丘陵，綠野田疇，林木蔥鬱。我們祖先就在這一塊美麗的大地上，建立起我們的家園，也蘊育出數千年悠悠的文化。有數不盡的散文、詩、詞、歌賦、小說、戲劇……等作品，這些都是我們民族的心聲，也是傳統文化的一部分。由於悠悠的歲月、悠悠的文化，所陶冶出中國人悠悠的心靈，這種心靈透過文字符號，作最精美的表現，便是文學作品，自然具有一種訴不盡悠悠的情懷，而烘托出了中國文學的「悠悠之美」。

怎樣的文學才算美呢？古今中外歷來有不少的文學理論家，或美學研究者，都不斷在探討這問題，如果我們就文學的特質來說，文學作品不外乎包括內容和形式二方面。中國第一部純文學選集昭明文選，蕭統在序中說：「事出於沈思，義歸乎翰藻」，所謂「事」，就是文學的內涵，「沈思」即指一個人深沈的情感和念頭，指出了文學作品的內容便是作者深沈的情感和念頭。又所謂「翰藻」便是表達情思的符號，也就是文詞。那麼怎樣的情感才叫美呢？它除了要深刻之外，還必須具有能引起讀者共鳴的普遍性，換句話說，情感之來不但要能感動自己，而且還要能感動別人。如果把這種動人的情感，用最精美的文字和形式把它表現出來，便是優美的文學。而中國文學中的那一股悠悠之情，乃是一種最具耐人尋味的特殊美感。

中國文學的悠悠之美，主要來自情感的真、純、深，以及那種誠善不欺的偉大心靈。而所謂用情的真，必須發自內心，毫不虛偽，和接近自然的本來面目，就如王國維在人間詞話中所說的：「詞人不失其赤子之心。」赤子之心也就是童心。童心的可愛，乃在於他的純真無邪，而沒受到塵世的污染，以如此的心，所寫出的文學作品，字字出自肺腑，直透讀者的心坎，就能產生無比的震撼力，而起共鳴。例如五代詞人馮延巳曾寫了一首長命女：

春日宴，綠酒一杯，歌一遍，再拜陳三願，一願郎君千歲，二願妾身長健，三願如同梁上燕，歲歲長相見。

平常的文字，率真的願望，雖不言愛，但愛卻在其中，讀來自有一種感人的力量。但是一般人想要永遠保存原有純真的性情，也不是一件容易的事，因為人難免會隨著歲月的增長，人生歷鍊的增加，風劍霜刀的磋磨，在不知不覺中，都會戴上一層假面具，變得世故，變得深沈，本來的我，似乎已離得很遠很遠，因此所談的話，所寫的文章，常常都是一些「言不由衷」的「違心之論」。不過，有時一個人經過了千山萬水，歷盡人事的滄桑之後，突然能衝過名關利鎖，了透人生，復由炫爛歸於平淡，在不知不覺中，童心再現，則又具有其誠真可愛的一面，所以有許多老人家，我們稱他們為「老天真」，原因就在這裡。因此在中國的文學作品裡，有不少的隱逸文人，他們所寫的山林、田園作品，也深被讀者所喜愛。例如陶淵明的歸園田詩云：

少無世俗韻，性本愛丘山，誤入塵網中，一去三十年，羈鳥戀舊林，池魚思故淵，開荒南野際，守拙歸園田，方宅十餘畝，草屋八九間，榆柳蔭後簷，桃李羅堂前，曖曖遠人村，依依墟里煙，狗吠深巷中，雞鳴桑樹顛，戶庭無塵雜，虛室有餘閒。久在樊籠裡，復得返自然。

一切隨緣，沒有絲毫的勉強，淡中有味。又如蘇東坡的臨江仙：

夜飲東坡醒復醉，歸來髣髴三更，家童鼻息已雷鳴，敲門都不應，倚聽江聲。長恨此生非我有，何時忘卻營營；夜闌風靜縠紋平，小舟從此逝，江海寄餘生。

從詞中不難體會到坡公曾經滄海的掙扎，但詞中的他已很能看得開，胸次自有其寬闊的一面，也流露出超脫塵世的淡遠心境，使讀者感受到一股悠悠不盡的情意，而給人無限的美感。又如辛棄疾的西江月：

明月別枝驚鵲，清風半夜鳴蟬，稻花香裡說豐年，聽取蛙聲一片。七八箇星天外，兩三點雨山前，舊時茆店社林邊，路轉溪橋忽見。田家豐收的喜悅，農村夏夜景色的幽美，流露於字裡行間，又到處稻香四溢，蛙聲一片，星空、山雨、茅店、溪橋，一切自自然然，沒有矯作，悠悠的心，悠悠的情，質樸可愛。中國人在文壇上留下許多田園山水作品，叫人百讀不厭，就受到了作者那種與大自然合一，淳樸無華偉大心靈的吸引。

用情的「專一」也是文學作品具有「悠悠之美」的主要因素之一。所謂「專一」，是指用情要純，能守一不二，別無他思。本來「情多」是文學創作的一大要素，如果表現得適當，不但是文學以及各種藝術創作的主要源泉，而且也將使人間的春天常在，社會也無處不溫暖。

純純的心，深深的情，表現於文學上，常常都是上等的作品：如李清照的武陵春：

風住塵香花已盡，日晚倦梳頭，物是人非事事休，欲語淚先流。 聞說雙溪春尚好，也擬泛輕舟，只恐雙溪舴艋舟，載不動許多愁。

本闋詞是李清照流寓浙江金華時，思念故鄉的作品，「物是人非事事休，欲語淚先流」，「雙溪舴艋舟，載不動許多愁」，其情感之深之重，不知不覺中，也打動了讀者的心。又如她的聲聲慢：

尋尋覓覓，冷冷清清，淒淒慘慘戚戚，乍暖還寒時候，最難將息。三杯兩盞淡酒，怎敵他晚來風急，雁過也，正傷心，卻是舊時相識。　滿地黃花堆積，憔悴損，如今有誰堪摘？守著窗兒，獨自怎生得黑！梧桐更兼細雨，到黃昏點點滴滴。這次第，怎一個愁字了得。

作者顛沛流離到江南，不久先生趙明誠又過世，人生無常，世事多變，刻骨銘心，而吐露了深深的哀愁，字字動人心絃。又如陸游的釵頭鳳：

紅酥手，黃縢酒，滿城春色宮牆柳。東風惡，歡情薄，一懷愁緒，幾年離索。錯、錯、錯！　春如舊，人空瘦，淚痕紅浥鮫綃透。桃花落，閒池閣，山盟雖在，錦書難託。莫、莫、莫！

相傳陸游初娶表妹唐琬，夫妻至為恩愛，但他的母親卻不喜歡這個媳婦，被迫分離。作者即透過本闋詞，表達他懷念唐琬的深摯情感。「山盟雖在，錦書難託。」多少個「錯」，多少個「莫」，情深幾許，直扣人心，難怪會成為千古不朽的佳篇。

愛的本身就是一種負擔，也是一種滿足和快樂。如將「愛心」化成為更具體的力量，除了誠善不欺，不斷的提升自己人品之外，還要能擴展延伸自己的視野心胸，把小我的生命投入大我中，如此的作品，也往往會具有強烈的震撼力量，氣勢萬千。如陸游的訴衷情：

> 當年萬里覓封侯，匹馬戍梁州。關河夢斷何處？塵暗舊貂裘。　胡未滅，鬢先秋，淚空流，此生誰料，心在天山，身老滄州。

詞中洋溢著青少年的豪情壯志，雖然到了晚年，英氣絲毫未變，仍然不忘國家的統一。其他像岳飛的滿江紅，文天祥的正氣歌等，氣壯山河，慷慨激昂，讀來誰能不動容。再如魏晉時代阮籍的詠懷詩：

> 壯士何慷慨，志欲威八荒，驅車遺行役，受命念自忘，良弓挾烏號，明甲有精光，臨難不顧生，身死魂飛揚，豈爲全軀士，效命爭戰場。忠爲百世榮，義使令名揚。垂聲謝後世，氣節固有常。

即在歌頌胸懷大志，為了國家民族的前途，義無反顧，效命疆場的勇士。「言為心聲」，一個作家只要具有胸懷天下的大志，和氣貫古今的豪情，所寫的作品，自然擲地有聲，當會被後人所傳誦。

因此，就文學的內涵來說，用情的真、純、深，且以誠善為前提，並須有關愛大我的心，才能給人悠悠的美感，這正是中國傳統文學的本色。

中國文學的美，除了具有深厚的情感外，在遣詞、鍊字、裁章、謀篇上，也有相當高度的技巧，使內容與形式相互烘托，則韻味將更為深長，自可增加文章的美感，如分析中國傳統文學，凡是那些有悠悠之美的作品，在遣詞用句上必須具有含蓄、聯想、禪悟的特色。

所謂含蓄性，指情在言外，意在不言之中，如李義山的嫦娥詩：

雲母屏風燭影深，長河漸落曉星沈；
嫦娥應悔偷靈藥，碧海青天夜夜心。

清朝紀昀認為這是首悼亡詩。但就詩句來論，好像另有含義。首句說：「雲母做的屏風上，映著深深的燭影。」是寫室內的情況，深深的燭影，象徵著自己對所懷念的人那一份深深的情。第二句是說：「銀河西沈，天將放曉，啓明星的光輝也逐漸消失。」是在寫室外的天空，似有所思，長夜漫漫，未能入眠，直到曉星西沈。第三句：「那月裡的嫦娥仙子，應該後悔偷吃長生不老的藥。」意思是說如果失去了人間的情趣，而換得了長生，那又有什麼意義呢？就如月裡的嫦娥也要後悔的。第四句：「每夜每夜，只有對著那碧海般的晴空，抱著孤寂的心，過著長年孤寂的歲月。」這種寂寞的日子，正是嫦娥後悔偷吃靈藥的原因。詩意非常隱晦，用詞也至為含蓄，其言下之意，是說嫦娥每夜所看到的，只是那冷冷清清的碧海晴天，塵世趣味全失，因此懊悔不該偷吃靈藥奔月。旨在點醒世人，神仙生活雖美，但總是虛幻，不如珍惜人間所能擁有至情的歡樂。

再者如透過詞句巧妙的安排，使讀者能發揮自己的聯想力，而引起另外的想像。如古詩中的興體，就常常能給人一種悠悠的美感。王維有首送沈子歸江東詩，就有相當濃厚的聯想性，全詩是這麼寫著：

楊柳渡頭行客稀，　罟師蕩槳向臨沂；

唯有相思似春色， 江南江北送君歸。

這首詩是說：到處是楊柳樹的渡頭，行客稀少，具有離別的淒清，船夫們仍划著槳，向臨沂出發：只有那相思的情懷，像惱人的春色，內心一直無法平靜。這時的江南、江北一片綠意，將伴著你回去，襯托出別緒起伏不定的心情。本詩的美，在於善用聯想，由相思的虛情，聯想到春色的實景，又以送行，聯想到江南、江北的大好春光，更增添不少的依依離情，自然而動人。

另外文學作品中，如具有一種理趣或禪趣，也能給讀者一種若有所悟的幽思，而這種意境還不能把它說破，如此有時也會產生濃濃的「悠悠之美」。如唐僧皎然湖南蘭若示大乘諸公詩：

未到無爲岸， 空憐不繫舟；

東山白雲意， 歲晚尚悠悠。

本詩大意是說明未到「無」的境界，還會喜愛那不繫栓的舟。表示仍然存有不能忘我之心；只有東山山頭上的白雲，它所顯示的意義，是一年到頭都那麼的悠然自在，使人悟到唯有「無心」、「無我」才能真正的灑脫自如。

又如大家所熟悉的神秀和尚和六祖慧能的二首偈，一首未悟，一首已悟，境界自有高下。神秀的偈說：

身是菩提樹，　心如明鏡臺；
時時勤拂拭，　勿使惹塵埃。

神秀的偈本來已經寫得很不錯了，但五祖弘忍大師看了以後，批評說：依此偈，可以免入惡道，但未見本性，只到門外，未到門內，以此境界要覓得無上菩提，絕不可能。然而六祖慧能的偈就不同凡響。他說：

菩提本無樹，　明鏡亦非臺；
本來無一物，　何處惹塵埃。

詩中給人的感受，是心空，萬物皆空，無掛無礙，意長而有味。再如李翱贈藥山惟儼詩：

練得身形似鶴形，　千株松下兩函經；

我來問道無餘說，雲在青山水在瓶。

佛道佛法可說而不可說，「雲在青山水在瓶」，為全詩的重點，雲水形狀雖不同，但質性卻是一致的，以比喻色與空，現象與本體，可分而不可分。道無所不在，很耐人尋味。又某女尼也有首悟道詩：

盡日尋春不見春，芒鞋踏遍隴頭雲；
歸來笑撚梅花嗅，春在枝頭已十分。

詞外之意，在點明到處求道，而不能悟道，因道本在我心，結果竟向外求，那不是白費工夫嗎？也就像孔子所說的：「道不遠人」，以及孟子所說的：「道在邇而求諸遠」。而悟出了只要「明心見性」，即可「立地成佛」的道理。

快樂美滿的生活，不但要衣食無缺，並且在精神上也必須獲得某種程度的滿足；文學藝術的欣賞，便是精神生活上很重要的一環。而作家就是文學作品的生產者，本身先要有優美的心靈，開闊的器宇，高尚的人品，以及對生命的熱愛和眾生的關懷，然後再配合文學修辭的技巧，自然能寫出動人不朽的名篇。

（青年文藝創作論叢）

人物志

歷史是人類活動的記錄，雖然天生眾人，有聖賢才智平庸愚劣的不同，不過平凡的人畢竟是佔大多數，如果大家都能平平凡凡的過。日子，便是最不平凡的人生，所寫下的歷史也應該是最不平凡的歷史；在這種情形下，每個人才會有真正幸福可言。然而，自古以來，卻有不少人喜歡走偏鋒，不甘於平凡，也許一時有它光彩燦爛的一面，可是人類的災難和悲劇，也是這樣被挑起的；所以個人英雄一多，表示這個社會將有一些不幸的事情要發生。中國歷史上有許多聖賢豪傑，如堯、舜、禹、湯、文武、周公、孔子……等，別以為他們都是高不可攀的超人，其實也都如你我一樣，絕不是所謂好逞一己之強的英雄人物。他們都具有悲天憫人的仁者胸懷，和磅礴的生命力；那股凜然浩氣，和偉大的人格氣象，是天道真理的表徵，也是人間正義的實踐者，能以最高的智慧和具體的言行，為那個時代的人找出一條可以走的坦然大道。也許他們的志業在當時並沒有得償，如諸葛亮、岳飛、文天祥等，雖生前壯志未酬，但是其崇高人格，永遠是導引人類走向光明的燈塔，都是中國歷史上的偉人，這與西方所標榜的個人英雄主義者，迥然有別，例如秦始皇就事功上說，不能不說他沒成就，假使他出生在西方社會，很可能就像凱撒、拿破崙一樣，被視為是一位不可一世的英雄，可惜他生在中國，以傳統中國人論定人物的標準衡量，卻成了一代暴君，主要是由於他不施仁政的原故。可見中國人的史觀至為獨特，對歷史人物的評價，是著重在他內在德性本質的展現，以及他在歷史發展中，所具有的正面意義，至於他外在事功的大小，則屬次要的問題。

我們是個愛好歷史的民族，從古到今，有一部厚厚完整且有系統的廿五史，是世界上其他各國絕無僅有的，而廿五史便是一部以人為中心的紀傳史，所寫的都是歷代有代表性的人物，如主宰每個朝代的帝王，以及次要人物的王公諸侯，和在政治、經濟、社會、文化、軍事各方面有特殊表現的人。如就他們的性格概略加以區分，不外正面、反面二類型；正面人物多，則社會便會趨於正常發展。像在政治上的正面人物，不但能公忠體國，而且深謀遠慮，知道什麼是大是大非，和有所為以及有所不為的大道理，縱使政治主張不同，也不失國家、民族應有的立場，有如宋代的司馬光、王安石，仍不愧是政治上的典型人物。再如張騫、蘇武、班超、馬援等人，能保疆衛民，為國家經營四方，以安定社稷，為中華子孫提供了廣大的發展天地，也是歷史上足以取法的軍事、外交長才。另有學術思想家、文學家，大多見於正史儒林、道學和文苑傳，他們厚植了社會的精神文明，也擴充了人類的心靈空間，他們的名山事業，更足以永垂青史，啓迪後人。又中國雖然是以農立國，特重農耕，強調「使民以時」、「敬授民時」，只要「八口之家」、「百畝田」，「衣食無缺」（孟子），便是善政，但並不因此而就漠視工商，對那些流通貨物，生財聚富的人物，也十分推崇，例如史記中的范蠡、子貢、白圭、猗頓等貨殖人物，司馬遷對他們頗為贊許，因為一個人有了財富之後，要行仁義將更為方便，對社會的貢獻也會更大，這是非常進步的觀念。像上述這些人，他們的精神和作為，都能導引人類走向光明正大的坦途；大家如能取法他們，便能為社會帶來蓬勃的生機。

歷史上也有不少昏暴的君王、亂臣賊子、酷吏、佞幸人物等，則屬負面人物。他們常撥弄是非，為社會滋生事端，製造人與人間的隔閡，而導致社會的混亂，使民不聊生，甚至亡國。如晉代的惠帝、北齊的後主、隋代的煬帝，都因一時貪於佚樂而敗國亡身。李商隱有一首詠北齊後主的詩，後代雖有人指稱此詩太輕薄，但卻寫得十分生動傳神。詩云：「一笑相傾國便亡，何勞荊棘始堪傷；小憐玉體橫陳夜，已報周師入晉陽。」即坦率指出北齊後主由於寵愛宮妃馮小憐，竟置國家存亡於不顧，遂被北周所滅。李氏又有一首詠隋宮的詩：「乘輿南游不戒嚴，九重誰省諫書函；春風舉國裁宮錦，半作障泥半作帆。」即在寫隋煬帝開運河，多次南遊江都，極盡奢侈的情形；煬帝不但拒諫，而且還殺害忠良，如此的窮奢殘暴，國家怎能不亡。再談到庸臣誤國的事跡，史更不絕書，如西漢錯用王莽，反被王莽所篡；東漢末年，倚重董卓，竟惹來天下大亂；唐玄宗用楊國忠、安祿山，而演變成安史之亂；北宋蔡京，性本凶譎，又喜植黨營私，竟四度被舉為宰相，致釀成宋室的偏安；南宋時的秦檜，身為高宗丞相，竟挾金人以自重，力主和議，無意北定中原，只圖苟且偏安，而坐失統一中國大業的良機。另有一些酷吏，以嚴刑峻法對待天下百姓，或可收一時之效，但非國家長治久安之要道。如漢代的張湯、郅都、甯成諸人，都是主張用殘酷刑罰的官吏。還有所謂的佞幸人物，即指那些用言語、態度去討好主官的人；這些人缺乏人生理想和是非觀念，只知道一味的去奉承逢迎別人，無獨立人格，像漢文帝時的鄧通，武帝時的韓嫣、李延年、哀帝時的董賢，都是歷史上有名的佞幸人物。這種人有時多得令人可怕，就如同白居易詩所說的：「野火燒不盡，春風吹又生。」小人氣焰一旦高漲，足以使朝廷善類為之一空。如此負面人物便是歷史上禍亂的主要根源。

再者有一些人的人生觀不同於一般人，如正史中的游俠，他們大多無顯赫的家世，絕不是天子王公大人的親戚故舊，雖家貧，但是輕財好施，仗義行俠，豪放灑脫，藏亡匿死，結客復仇，儒者稱他們不護細行，法家則認為他們以俠犯禁，都不受歡迎，也為官府所不容。可是他們活動於鄉野里巷間，打擊惡勢力，很為鄉里百姓所樂道，像漢代的朱家、劇孟、郭解……等人都是，透過他們的事跡，常可反映社會百態，所以史記、漢書都特地為他們立傳。對於游俠的言行我們雖不鼓勵，但是他們特有的人生價值觀，對於缺乏完善社會制度的古代，具有深長的意義。

生活簡單最好，平靜、平安就是福，這是大多數人的人生哲學。不過鐘鼎山林各有天性，不能勉強，也很難斷然劃分他們人生境界的高下。例如積極用世的鐘鼎人物，只要他們的才、德、學、養、識、見兼備，誠心出來為大眾服務，國家將會因此而受益，社會不能沒有這種人；反之，如果只是為名為利，以逞私欲，那就不足為訓。至於隱居山林，不問世事者，如正史逸民傳、獨行傳的一些人，他們不計名利，淡薄清高，但不能說他們就高人一等，或指責他們逃避現實；當然人世間不可能大家都去過隱居生活，不過如果有這樣的心境，「心遠地自偏」，對紛擾緊張的社會，應可帶來緩和的作用。所以就社會整體而言，也正因為有各種不同類型的人生活在一起，才使人生顯得多采多姿。

越是工商繁榮的社會，人們的生活越是忙碌，心靈反而易流於空虛，甚至整個人被物化、異化而不自知。如果能找到一、二位可以效法的人物，作為自己言行的標竿，或具有自我提升的作用。所以孔子說：「祖述堯舜，憲章文武」，絕不是開倒車，而是在為自己樹立一個最正確的人格目標，期能收到「效法乎上，以得乎中」的效果。至於那些負面人物的敗行劣跡，正可作為我們的警惕。因此品評人物，並不是在歌功頌德，而有背歷史的真實；也不是故意要去揭發別人陰私，或誣蔑他人，藉以彰顯自己；而是希望從中能得一些的啓示。有人說中國人的天堂就在史冊上，大家都期能青史留名；其實被歷史所肯定的那些人，不過是能本著一顆平常心，盡各人所應盡的責任而已。只要時時有典範在，心存戒慎，便能產生一股無形和有形的力量，使我們由平凡而步上不平凡的道路。

（文海）